우리 국토 수놓은
식물이야기

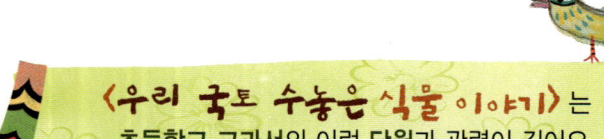
초등학교 교과서의 이런 단원과 관련이 깊어요

📖 **1학년 1학기 국어**
　6. 느낌이 솔솔 – 〈금강산 도라지〉

📖 **4학년 1학기 과학**
　3. 식물의 한살이
　　(3) 식물의 한살이 비교

📖 **4학년 2학기 과학**
　1. 식물의 세계
　　(1) 식물의 생김새

📖 **1학년 1학기 바른 생활**
　6. 사랑해요, 우리나라 – 〈무궁화〉

📖 **1학년 1학기 슬기로운 생활**
　5. 자연과 함께해요

📖 **2학년 1학기 슬기로운 생활**
　7. 동물과 식물은 내 친구

오십 빛깔 우리 것 우리 얘기 ㉘

우리 국토 수놓은 식물 이야기

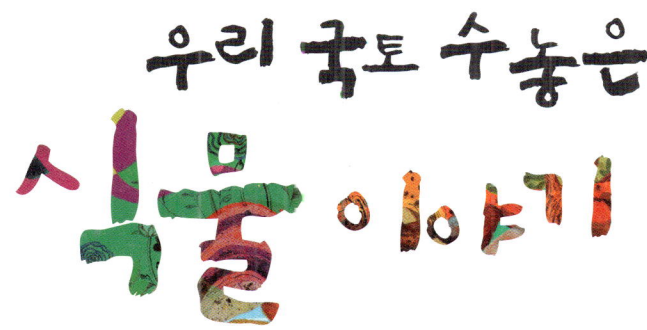

우리누리 글 · 최희옥 그림

주니어중앙

추천의 말

어린이가 꿈을 키우는 터전

꿈 많은 어린 시절엔 장대한 역사와 위대한 문화유산에 관한
책을 읽는 것이 좋다.
거기에는 어린이가 꿈을 키우는 터전이 있기 때문이다.
감수성 예민한 어린 시절엔 흥미로운 그림을 통하여
재미있게 이야기를 풀어 간 책이 좋다.
그것은 시각적 인식을 통해 어린이의 상상력을 자극하기 때문이다.
『오십 빛깔 우리 것 우리 얘기』는 이런 필요조건을 갖춘
고급 어린이 교양도서라 할 만한 것이다.

유홍준
(전 문화재청장, 현 명지대 교수,
『나의 문화유산 답사기』 저자)

이 책을 추천해 주신 선생님들

● 전래 놀이, 풍속과 관련된 수업에 활용하고 있습니다. 옛 풍속과 관련해서 요즘에는 잘 사용하지 않는 용어들이 있어서 아이들이 어려워하는데, 이 책에는 사진 자료와 함께 쉽고 정확하게 설명이 되어 있어 아이들이 이해하기 쉽게 되어 있습니다.
― 손영수 선생님(가사초등학교)

● 아이들이 우리의 전통문화를 쉽게 접할 수 있도록 도움을 주는 소중한 자료입니다. 우리 학교의 독서 퀴즈 대회에서 매년 사용하는 책이랍니다.
― 성주영 선생님(도당초등학교)

● 우리의 옛 풍습과 문화, 관혼상제 등에 대해 자세히 설명되어 있어 수업을 하기 전에 미리 읽어 오라고 하는 도서입니다.
― 전은경 선생님(용산초등학교)

● 우리의 문화와 역사를 초등학생들이 이해하기 쉽도록 재미있는 옛이야기로 풀어낸 점이 가장 마음에 듭니다. 초등 교과와 연계된 부분이 많아 학교 수업에 많이 활용하는 도서입니다.
― 한유자 선생님(삼일초등학교)

김임숙 선생님(팔달초)	조윤미 선생님(화양초)	이경혜 선생님(군포초)	염효경 선생님(지동초)
오재민 선생님(조원초)	박연희 선생님(우치초)	박혜미 선생님(대평중)	이진희 선생님(수일초)
최정희 선생님(온곡초)	정경순 선생님(시흥초)	박현숙 선생님(중흥초)	김정남 선생님(외동초)
이광란 선생님(고리울초)	김명순 선생님(오목초)	신지연 선생님(개포초)	심선희 선생님(상원초)
문수진 선생님(덕산초)	정지은 선생님(세검정초)	정선정 선생님(백봉초)	김미란 선생님(둔전초)
김미정 선생님(청덕초)	조정신 선생님(서신초)	김경아 선생님(서림초)	김란희 선생님(유덕초)
정상각 선생님(대선초)	서흥희 선생님(수일중)	윤란희 선생님(안산시근로자시민문화센터어린이도서관)	

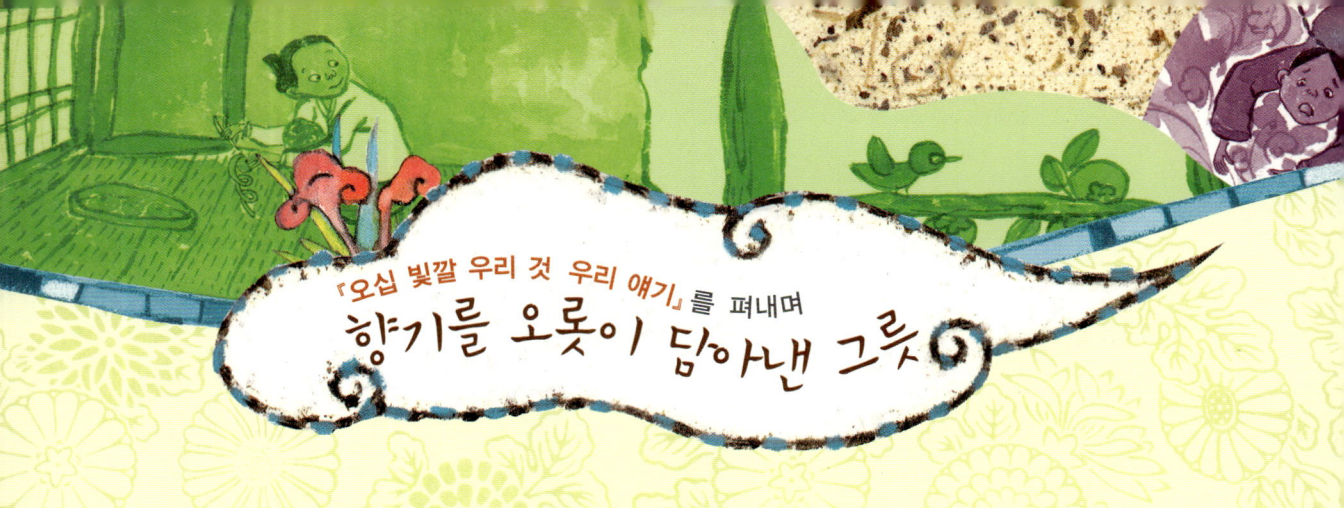

『오십 빛깔 우리 것 우리 얘기』를 펴내며
향기를 오롯이 담아낸 그릇

『오십 빛깔 우리 것 우리 얘기』시리즈가 처음 출간된 지 어느덧 16년이 되었습니다. 그동안 수많은 어린이와 부모님 그리고 선생님들의 사랑을 받으며 전 50권이 완간되었고, 어린이 옛이야기 분야의 고전(古典)이자 스테디셀러로 굳건히 자리매김해 왔습니다.

이 시리즈는 '소중히 지켜야 할 우리 것'에 대한 이야기를 어린이를 위해 '쉽고 재미있게' 풀어쓴 책입니다. 내용으로는 선조들의 생활과 풍습 이야기, 문화재와 발명품 이야기, 인물과 과학기술·예술작품 이야기, 팔도강산과 고유 동식물 이야기 등 우리나라 역사와 전통문화 모든 영역을 총망라하고 있습니다. 그리고 이를 50가지 주제로 엮어 저학년 어린이도 얼마든지 볼 수 있도록 맛깔나는 옛이야기로 담아냈습니다. 장대한 역사와 위대한 문화유산을 배우기에 옛이야기만큼 좋은 형식도 없기 때문입니다.

대한민국 국민으로서 알아야 하고 전해야 할 우리 것, 우리 얘기는 아주 많습니다. 그동안 이 시리즈를 통해 많은 어린이가 우리 것을 알게 되고, 우리 얘기를 사랑하게 되었을 것입니다. 시간이 흘러도 역사와 전통문화의 향기는 변하지 않기 때문입니다.

하지만 저희는 그 향기를 담아내는 그릇이 그간 색이 바래고 빛을 잃었다는 사실에 가슴이 아프고 안타까웠습니다. 그래서 책에서 전하는 우리 것의 향기를 오롯이 담아낼 수 있는 새로운 그릇을 찾고자 하였습니다. 그 그릇을 통해 향기가 더욱 그윽해지고 멀리까지 퍼져서 수백 년, 수천 년 전의 우리 것이 오늘날에도 살아 숨 쉴 수 있도록 생명력을 주고자 하였습니다.

이에 몇 가지 원칙을 가지고 『오십 빛깔 우리 것 우리 얘기』 시리즈를 새롭게 출간하게 되었습니다.

◎ 원작이 가지는 옛이야기의 맛과 멋을 그대로 살렸습니다.
◎ 요즘 독자들의 감각에 맞추어 디자인과 그림을 50권 전권 전면 개정하였습니다.
◎ 교과 학습의 길잡이가 될 수 있도록 연계 교과를 표시하였습니다.
◎ 학습정보 코너는 유익함과 재미를 함께 줄 수 있도록 4컷 만화, 생생 인터뷰,
　 묻고 답하기 등으로 내용을 재구성하였고, 최신 정보와 사진을 수록하였습니다.
◎ 도표, 연표, 역사신문, 체험학습 등으로 권말부록을 풍성하게 꾸며서
　 관련 교과 학습을 강화하였습니다.

이 책을 처음 읽었을 8살 꼬마 독자는 지금쯤 나라와 민족에 긍지를 가진 25살 자랑스러운 대한민국 청년이 되었을 것입니다. 그 청년이 부모가 되어서도 자녀에게 다시 권할 수 있는 그런 책이 되기를 바라며, 이 시리즈를 오십 빛깔 그릇에 정성껏 담아 내어놓습니다.

주니어중앙

글쓴이의 말

조상들의 생활 속에 자리 잡은 친구 같은 식물

'남산 위의 저 소나무 철갑을 두른 듯…….'
'나의 살던 고향은 꽃피는 산골,
 복숭아꽃, 살구꽃, 아기 진달래…….'

우리가 즐겨 부르는 애국가나 동요를 잘 들어 보면 여러 식물이 등장하지요. 그런데 이 식물들은 모두 단순한 꽃과 나무들이 아니에요. 오랜 시간 우리 민족과 함께 살아온 소중한 식물들이니까요.

새들에게도 먹이를 나눠주었던 우리 조상들의 넉넉한 마음을 느낄 수 있는 감나무, 봄날 잔치가 있는 날이면 화전으로 늘 부쳐 먹던 진달래, 마을 어귀에 한결같이 서 있던 느티나무, 아주 옛날부터 지금까지 변함없이 우리를 먹여 살리고 있는 벼, 똑바로 자라는 모양이 선비의 곧은 정신과 비슷해서 옛날 글과 그림에 자주 등장하던 대나무 등 모두 우리 조상의 얼굴처럼 친근한 식물들이랍니다.

　이러한 식물들은 우리의 생활에 여러 가지로 쓰이고 있어요.
　치자나무의 잎이나 감잎으로 옷감에 염색을 하면 아름다운 색이 물들여지고, 인삼 같은 약초는 병을 예방하고 치료할 수 있도록 도와줘요. 그뿐이 아니에요. 오동나무는 가구를 만드는 데 쓰이고, 박하와 모과는 향료로 쓰인답니다.
　자, 그럼 지금부터 우리 조상들의 생활 속에 깊숙이 자리 잡았던 정겨운 식물에 대한 이야기들을 들어 보기로 해요.
　우리 조상들이 어떻게 살아왔는지, 또 이러한 식물들이 우리의 생활에 어떠한 고마운 도움을 주었는지를 알게 되면 우리의 식물들을 소중히 가꾸는 마음도 더욱 커질 거예요.

어린이의 벗 우리누리

차 례

마당 한가운데 친구 같은 나무 **감나무** 12
백두 낭자·한라 도령과 함께 들어보는 우리 생활 속 식물 이야기
놀잇거리가 되어 준 식물 22

봄 산 가득 채운 붉은 빛 **진달래** 24
백두 낭자·한라 도령과 함께 들어보는 우리 생활 속 식물 이야기
명절을 더 풍성하게 만들어 준 식물 34

은혜 갚은 총각 머슴 **느티나무** 36
백두 낭자·한라 도령과 함께 들어보는 우리 생활 속 식물 이야기
옷감을 염색하는 데 쓰인 식물 46

임금님을 사랑한 거문고 여인 **봉선화** 48
백두 낭자·한라 도령과 함께 들어보는 우리 생활 속 식물 이야기
향기가 있는 추억의 우리 식물 58

하늘의 법을 어긴 막내 선녀 **인삼** 60
백두 낭자·한라 도령과 함께 들어보는 우리 생활 속 식물 이야기
약으로 쓰인 식물 70

🌸 우리 민족의 대표적인 먹을거리 식물 **벼** 72

백두 낭자·한라 도령과 함께 들어보는 우리 생활 속 식물 이야기
먹을거리가 되어 준 식물 82

🌸 어머니를 지키는 울타리 꽃 **무궁화** 84

백두 낭자·한라 도령과 함께 들어보는 우리 생활 속 식물 이야기
우리나라에서만 자라는 특산식물 94

🌸 죽어서도 뜻을 꺾지 않은 기상 **대나무** 96

백두 낭자·한라 도령과 함께 들어보는 우리 생활 속 식물 이야기
선비와 예술가들이 좋아한 식물 106

🌸 고향이 그리워 흘린 눈물 **찔레** 108

백두 낭자·한라 도령과 함께 들어보는 우리 생활 속 식물 이야기
고향을 생각나게 하는 식물 118

🌸 백두산에 퍼진 솔 풍과 라월의 사랑 **소나무** 120

백두 낭자·한라 도령과 함께 들어보는 우리 생활 속 식물 이야기
생활용품을 만드는 데 사용되었던 식물 130

부록 교과가 튼튼해지는 우리 것 우리 얘기 132
색을 내는 우리의 전통염료 식물

마당 한가운데 친구 같은 나무
감나무

'떨어진다, 떨어진다…….'

연호는 고개를 뒤로 젖혀 목이 아프도록 감을 쳐다보았어요. 감이 떨어지면 얼른 주워 먹을 생각이었지요.

"연호야, 마당 쓸다 말고 뭘 그렇게 쳐다보니?"

어느새 할아버지가 툇마루에 나와 계셨어요.

"할아버지, 어떤 감은 벌써 익어서 막 떨어지려고 해요. 빨리 따먹으면 좋을 텐데……."

연호는 할아버지 눈치를 살폈어요. 감을 따는 건 늘 할아버지의 허락이 있어야 가능했거든요. 할아버지께서 감을 따자고 하셔야 아버지와 마을 사람들이 긴 나무 막대기를 들고 감을 땄지요.

연호네 집 마당에는 아주 큰 감나무가 여러 그루 있어요. 이 감나무들은 연호가 태어나기 훨씬 전부터 연호네 집에 살고 있었대요. 어떤 나무는 할아버지의 할아버지 때부터 있었는데, 나이가 백 살도 훨씬 넘는다고 해요.

할아버지는 연호의 얼굴을 보더니 감나무를 올려다보았어요.

"올해도 참 잘 익었구나. 오늘 감을 좀 따 볼까?"

"정말이에요?"

이렇게 해서 연호네는 점심을 먹고 감을 따기 시작했어요.

할아버지와 아버지는 긴 막대기로 꼭지를 살살 돌려 땄어요. 참 신기했어요. 하지만 연호에게는 그 막대기가 들고 서 있기에도 힘들 정도로 무거웠어요.

연호는 잠자리채를 들고 감나무 위로 조심조심 올라갔어요. 그런데 나무 위에 올라가 보니 감은 생각보다 더 높은 곳에 달려 있었어요. 감은 닿을락 말락 하며 쉽게 잠자리채 안으로 들어오지 않았어요.

'조금만 더, 조금만 더…….'

연호는 힘을 다해 손을 뻗었어요. 이제 곧 감을 딸 수 있을 것 같았지요. 마지막 힘을 다해 팔을 쭉 앞으로 내밀었어요.

"이제 됐…… 으악!"

연호는 그만 감나무 아래로 툭 떨어지고 말았어요. 감나무 아래에는 너무 익어서 저절로 떨어져 터진 감들이 널려 있었어요. 그 위로 떨어진 연호는 얼굴이며 옷이 터진 감들로 뒤범벅되고 말았지요.

"하하, 우리 연호 꼴 좀 봐."

"연호가 홍시가 돼 버렸네."

감을 따던 어른들은 연호를 보고 웃었어요.

'감 하나를 못 따고 창피만 당하다니…….'

연호는 하는 수 없이 구경만 했어요. 시간이 조금 지나자 큰 광주리에 감이 가득 찼어요. 어른들은 감을 조심스레 정리했어요. 어떤 감은 홍시로 만들고, 또 어떤 감은 곶감으로 만들 참이었거든요.

연호는 감 하나를 슬쩍 입에 넣었어요.

"으악, 무슨 맛이 이래?"

연호는 감을 먹다 뱉어내고 말았어요.
감이 너무 떫었기 때문이에요.
"연호야, 단맛이 안 나지? 그건 곶감으로 만들 거란다."
할아버지가 웃으며 말했어요.
"이건 홍시를 만들어 먹으면 맛있겠구나."
할머니는 홍시로 만들 감을 장독에 차곡차곡 담았어요.
어머니는 그동안 깎은 감을 두 개씩 실로 꿰었어요. 이렇게 해서 햇볕과 바람이 잘 드는 대나무 건조대에 매달아 놓으면 맛있는 곶감이 되거든요.
감을 따는 작업이 모두 끝난 후,

연호는 감나무 쪽으로 걸어갔어요. 그런데 지난해처럼 올해에도 감나무 꼭대기에는 제법 많은 감이 달려 있었어요. 연호는 참 이상했어요.

할아버지는 감을 다 따지 않고 항상 감나무에 몇 개의 감을 남겨 두었거든요.

"할아버지, 왜 저 감들은 따지 않는 거예요?"

"새들도 먹고살아야지. 저건 새 몫이란다."

"예? 새 몫이요?"

연호는 할아버지의 말씀을 금방 알아들을 수가 없었어요.

"그게 무슨 말씀이세요?"

"연호야, 저 감들을 다 따 버리면 겨울에 새들은 뭘 먹고살겠니?"

"그야…… 새들이 알아서 먹고살겠죠, 뭐."

"우리 조상들은 항상 자연도 함께 생각하셨단다. 할아버지가 아주 어렸을 때도 어른들은 까치밥이라며 저렇게

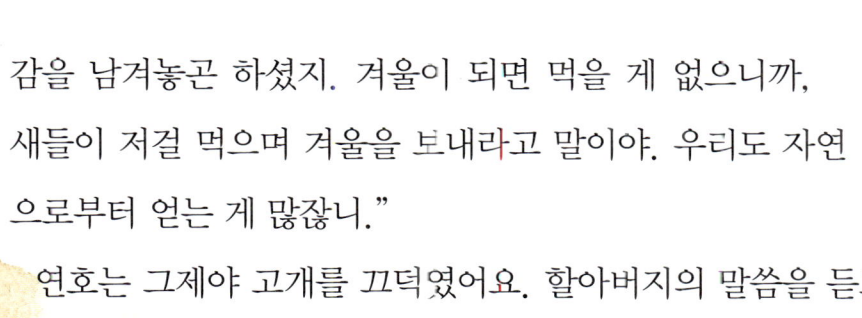

감을 남겨놓곤 하셨지. 겨울이 되면 먹을 게 없으니까, 새들이 저걸 먹으며 겨울을 보내라고 말이야. 우리도 자연으로부터 얻는 게 많잖니."

 연호는 그제야 고개를 끄덕였어요. 할아버지의 말씀을 듣고 보니 감나무가 큰 어른처럼 느껴졌어요. 감나무는 오랜 시간 동안 한결같이 이 마당에 서서 사람들과 새들에게 더불어 사는 넉넉한 마음을 가르쳐 주었으니까요.

아주 옛날부터 어느 마을에서건 흔히 볼 수 있는 나무가 바로 감나무였어요. 돌담을 지나 사립문을 밀고 들어가면 어느 집 마당에든 감나무 한두 그루씩은 서 있었지요.

가을이면 곱게 익은 감 가운데 가장 좋은 것으로 골라 조상님 제사에 올렸어요. 또한 겨울이 되면 항아리에 담아 만든 홍시나 말려서 만든 곶감을 먹었어요. 겨울밤에 먹는 홍시랑 곶감은 겨울철 최고의 맛있는 간식거리였답니다.

그런데 감나무에서 얻을 수 있는 건 과일만이 아니에요. 우리 조상들은 감으로 옷감에 물을 들여 옷을 지어 입기도 했어요. 또 어린잎으로 만든 감잎차는 사람 몸에 좋아 감기나 중풍을 예방했고요.

흔히 옛 어른들은 감나무를 '오상(五常)'이라고 불렀어요. 사람이 갖추어야 할 다섯 가지 좋은 성품을 가진 덕스러운 나무라는 뜻이에요.

감나무 잎이 종이가 되니 학문적인 깊이가 있고, 나무가 단단해서 화살촉으로 쓰니 용맹스러움이 있고, 겉과 속이 똑같이 붉

어 마음이 한결같으니 충성심을 가지고 있다고 했어요. 또 이가 약한 할아버지와 할머니도 맛있게 드실 수 있으니 효성이 지극한 과일이고, 늦가을까지 떨어지지 않고 나무에 매달려 있으니 절개가 있다고 했어요.

'감나무 백 그루만 가지고 있으면 쌀 백 섬을 가진 집도 부럽지 않다'는 옛말이 있어요. 그만큼 감나무가 여러모로 쓸모 있는 나무란 뜻이지요.

이렇게 감나무는 수많은 사랑과 칭찬을 받아 온 친구 같은 나무랍니다.

백두 낭자·한라 도령과 함께 들어보는 **우리 생활 속 식물 이야기**

놀잇거리가 되어 준 식물

지금처럼 장난감이 많지 않던 옛날에는 산과 들에 있는 꽃과 나무들이 어린이들의 장난감이었어요. 어린이들에게 재미있는 놀잇거리가 되어 주었던 식물에는 어떤 것들이 있는지 알아보아요.

여러해살이 풀인 꽈리는 아주 재미있는 식물이었어요. 열매가 빨갛게 익으면 속을 파내고 입안에 넣고 놀았지요. 꽈리 안에 바람을 훅 불어 넣은 뒤 앞니 끝으로 살짝 눌러 주면 공기가 빠져 나가면서 뽀드득 소리가 났어요. 꽈리 불기는 주로 여자아이들이 좋아했어요.

집 근처 어디에나 있어 아이들의 장난감이 되었던 꽈리예요~!

여자아이들이 꽈리 불기로 신나 있을 무렵, 남자아이들은 들과 산으로 참새를 잡으러 뛰어다녔어요. 이때 사용했던 것이 바로 새총이었어요.

새총은 나뭇가지를 이용해 만들었어요. Y자로 생긴 작은 나뭇가지를 골라 매끄럽게 다듬은 뒤 고무줄을 묶어요. 그리고 고무줄 중간에 총알 받침으로 쓸 가죽을 이어 엮으면 멋진 새총이 되었지요. 물론 총알은 작은 돌멩이를 이용했어요.

군것질거리가 흔하지 않던 옛날에는 이 새총으로 참새를 잡아 구워 먹는 것이 가장 즐거운 놀이 가운데 하나였답니다.

들판에 하얗게 피어 있는 토끼풀꽃도 좋은 놀잇거리였어요. 토끼풀꽃으로 반지나 목걸이를 예쁘게 만들어 친한 친구나 좋아하는 여자 친구에게 주기도 했거든요. 또한 가느다란 버들가지를 꺾어 속을 빼낸 뒤 중간에 구멍을 뚫고 입으로 불어서 '삐삐' 하는 소리를 내며 놀기도 했답니다.

토끼풀로 만든 목걸이에요.

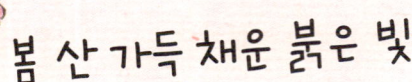

봄 산 가득 채운 붉은 빛
진달래

"달래야, 산에 가서 진달래꽃 좀 따오너라."

부엌에서 어머니의 목소리가 들려 왔어요. 달라는 더 자고 싶어서 못 들은 척 이불을 푹 뒤집어썼어요.

'이렇게 이른 아침부터 산에 가라고? 엄만 만날 나만 시켜.'

달래는 이불 속으로 파고들었지만, 시끄러워서 잠을 더 잘 수가 없었어요.

"덜그럭덜그럭, 쓱싹쓱싹, 싹둑싹둑."

어머니는 무척 바쁜 것 같았어요. 그릇을 이것저것 꺼내는 소리도 들리고, 도마 소리도 다른 날보다 훨씬 더 요란했어요.

'에잇, 모르겠다. 하나 둘 셋!'

달래는 마음속으로 숫자를 세면서 얼른 몸을 일으켰어요. 졸린 눈을 비비며 어머니가 계시는 부엌으로 갔어요.

"어머니, 오늘 무슨 날이에요? 왜 이렇게 그릇이 많아요?"

"오늘 할 일이 아주 많단다. 우리 달래가 좋아하는 진달래 전 부쳐야지, 화채도 만들어야지. 또 술도 담가야 한단다. 기억 안 나니? 작년 이맘때쯤 네가 진달래꽃을 따다 줬잖아."

"아…… 맞다!"

달래는 그제야 어렴풋이 기억이 났어요. 해마다 이맘때면 온 동네 여자들이 산에 가서 진달래꽃을 따 왔지요. 그러고는 그 꽃으로 전도 부치고 술도 담갔어요. 이날에는 마을 사람들이 모두 신나게 먹고 마시며 놀았지요.

"어머니, 오늘이 무슨 날이라고 했지요?"

"달래가 또 잊어버렸구나. 삼짇날! 음력으로 3월 3일을 삼짇날이라고 한단다."

"삼짇날은 좋은 날이에요?"

어머니는 달래의 묻는 말이 우스웠는지 미소를 지었어요.

"그럼 좋은 날이지. 우리나라 사람들은 3을 아주 좋은 숫자로 생각한단다. 그래서 3자가 두 개나 되는 삼짇날에는 마을 잔치를

하는 거지."

"그래서 오늘은 다들 신나게 춤도 추고 노래도 하는 거예요?"

"그럼! 행운이 가득한 삼짇날을 기분 좋게 보내면 한 해가 좋은 일로 가득할 거라고 믿는 거란다."

어머니의 말을 들으니 달래도 왠지 신이 났어요. 올해는 정말 좋은 일만 생길 것 같았거든요.

"아이고, 내 정신 좀 봐. 음식 장만 늦어지겠다. 달래야, 얼른 다녀와. 색이 곱고 예쁜 꽃으로 따 와야 한다. 알았지?"

어머니의 재촉에 달래는 얼른 산으로 달려갔어요. 오늘따라 곳

곳에 피어 있는 진달래가 무척 예뻐 보였어요. 온 산을 뒤덮고 있는 분홍빛 진달래에 달래는 그만 넋을 잃고 말았어요.

그때였어요.

"달래야, 너도 꽃 따러 왔니?"

소리 나는 쪽으로 고개를 돌려보니 바구니를 옆에 낀 친구 금순이가 있었어요.

두 사람은 열심히 꽃을 따기 시작했어요.

"야, 이거 내가 따려고 한 거야."

"이쪽은 내가 딸 테니까 넌 저쪽으로 가."

둘은 더 예쁘고 고운 꽃을 따려고 티격태격했어요. 하지만 그것도 즐거웠어요. 둘은 깔깔대며 꽃을 따느라 정신이 없었어요.

어느새 대바구니에 진달래꽃이 가득 찼어요. 둘은 손을 잡고 산을 내려왔어요. 너무 많이 땄나 싶어 뒤돌아보았지만 산은 여전히 붉디붉었어요.

곱디고운 진달래꽃을 보니 달래는 어머니가 자기의 이름을 왜 '달래'라고 지으셨는지 이유를 알 것 같았어요. 달래는 봄에 태어났어요. 진달래꽃이 온 산에 가득할 때였지요. 그래서 진달래꽃처럼 늘 곱게 자라라고 지어 주신 거예요.

한편 마을 사람들은 음식을 장만하느라 야단이었어요. 남자아이들은 여기저기 뛰어다니며 심부름을 하고 물을 긷는 등 정신이 없었고요. 마을 아주머니들은 이 집 저 집 모여 마당에서 진달래전을 부치느라 왁자지껄했어요.

"지글지글……."

어머니는 달궈진 솥뚜껑에 기름을 두르고 잘 이긴 찹쌀 반죽을 뚝 떼어 올렸어요. 그리고 조심스럽게 반죽 덩어리를 손으로 납작하게 만들었어요. 그 위로 달래가 따 온 예쁜 진달래꽃을 얹었어요. 하얀 전 위에 올린 붉은 진달래 꽃잎이 참 예뻤어요.

옆에서 구경하던 아이들은 침을 꼴깍꼴깍 삼켰어요. 보기에도 저렇게 맛있어 보이는데 먹으면 얼마나 더 맛있을까요? 아이들은 뒤에서 화전을 슬쩍 집어 먼저 맛보기도 했어요.

아주머니들이 진달래 전을 부치는 동안, 아저씨들은 진달래주를 담갔어요. 색이 곱고 싱싱한 꽃잎을 골라 커다란 항아리에 넣었어요. 그리고 술을 가득 부은 뒤 항아리를 땅에 묻었어요. 이렇게 해서 몇 달 묵히면 불그스레한 빛이 도는 진달래주가 된대요.

"언제 이 진달래주를 우리 사위랑 같이 마셔 볼까?"

"예끼, 이 사람! 자네 딸은 이제 겨우 다섯 살이잖아."

"그러게. 우리 아이 클 때까지 못 기다리겠으니 자네 아들 우리한테 미리 주게. 잘 키워 줄 테니. 하하."

산에는 진달래꽃이, 마을에는 웃음꽃이 가득했어요. 어떤 어른들은 얼굴이 진달래꽃처럼 발그스름해졌어요. 진달래주를 담그

면서 홀짝홀짝 마셔서 그런가 봐요. 남자아이들도 혀를 날름거렸어요. 술 색깔이 예쁘니까 마셔 보고 싶었던 모양이에요.

"요놈들 입맛 다시는 거 보게."

"저희들도 사내라고 술이 당기는 모양이야, 하하."

진달래 전으로 배를 채운 마을 사람들은 뒤이어 나온 진달래 화채로 목을 축였어요. 진달래 화채는 살짝 데친 진달래를 오미자 즙이나 꿀물에 띄워 내는 음료수예요. 그것도 얼마나 시원하고 맛있는지 몰라요.

이렇듯 삼짇날은 온통 진달래 잔치였어요. 전도 부치고, 술도 담그고, 화채도 만들고……. 산에 널린 진달래로 마을 사람들은 하루 종일 행복했답니다.

진달래는 따뜻한 봄이 오면 꽃을 피워요. 양지 바른 산이면 우

리나라 어디서든지 볼 수 있지요.

진달래가 피면 사람들은 꽃을 따서 음식을 해 먹고, 술을 담갔어요. 또 꽃을 달여 기침이나 감기, 관절염에 약으로 쓰기도 했어요.

그뿐만 아니라 줄기로는 숯을 만들어 그 숯물로 염색을 하기도 했고요. 흔히 삼베나 무시에 물을 들이는데, 푸른빛이 도는 회색으로 아주 멋지답니다.

진달래는 꽃잎이 한데 붙어 피는 통꽃이에요. 보통 3~6개의 꽃송이가 모여 있지요. 사람들은 진달래꽃이 피는 것을 보고 점을 치기도 했어요. 진달래꽃이 드 번 피면 가을 날씨가 따뜻하고, 또 여러 겹으로 피면 풍년이 든다고 믿었어요.

이처럼 진달래는 우리 조상들의 생활 속에 깊이 뿌리 내린 꽃이에요. 그래서 진달래는 가까이 있는 이웃처럼 늘 친근한 느낌을 준답니다.

백두 낭자·한라 도령과 함께 들어보는 우리 생활 속 식물 이야기

명절을 더 풍성하게 만들어 준 식물

옛사람들은 홀수가 두 번 겹치면 좋은 날이라고 했어요. 3월 3일 삼짇날, 5월 5일 단옷날, 7월 7일 칠석날 등이 이런 날이지요. 이런 날을 더욱 풍성하게 만들어 주었던 식물에는 어떤 것들이 있었는지 알아보아요.

삼짇날 화전을 부치는 데 사용했던 진달래처럼 음력 5월 5일 단옷날 하면 떠오르는 대표적인 식물은 창포예요.

창포는 습한 땅이나 도랑, 강가 등에서 자라는데, 잎이 길고 초여름에 연녹색 꽃을 피우는 식물이지요. 단옷날에는 온 동네 여인들이 창포를 삶은 물에 세수를 하고 머리를 감곤 했어요. 창포 삶은 물에 머리를 감으면 일 년 내내 머리에 윤기가 돈다고 했거든요.

창포에 머리를 감고 있어요~!

또 창포 줄기를 잘 다듬어 비녀를 만들어 꽂으면 웬만한 병은 모두 물리친다는 풍습도 있었어요. 그래서 이날 창포는 여인들이 가장 많이 찾는 식물이었답니다.

음력 9월 9일인 중양절과 친숙한 식물은 국화예요. 이날에는 국화로 술을 빚어 마시며 즐겁게 놀거나, 빚은 술을 친구에게 선물하기도 했답니다.

또한 이 무렵이면 산에 올라가 잘 익은 붉은 산수유 열매를 따서 머리에 꽂고 다니기도 했어요. 붉은 자줏빛의 산수유 열매가 잡귀를 쫓아 준다고 생각했기 때문이랍니다.

창포비녀

이야, 붉은 자줏빛의 산수유 열매예요~!

은혜 갚은 총각 머슴
느티나무

어느 해 겨울, 아주 많은 눈이 내렸어요. 사람들은 눈 때문에 나무를 하러 산에 갈 수가 없었어요. 나무가 없으니 불을 뗄 수 없고, 그러니 모두 추위에 떨며 지내야 했지요. 사람들은 생각다 못해 마을 앞에 서 있는 커다란 느티나무를 베어 땔감으로 쓰기로 했어요. 그런데 마음씨 고운 양 영감이 이를 막고 나섰어요.

"저 나무는 베지 말게. 저 나무를 베면 여름에 어디 앉아서 땀을 식히나?"

양 영감은 마을 사람들의 소매를 잡아당기며 말했어요.

"아니, 영감님! 여름에 시원하자고 마을 사람들이 지금 다 얼어 죽어도 좋단 말씀이세요?"

마을 사람들은 막무가내로 느티나무 쪽으로 가려 했어요.

"정 그렇다면 우리 행랑채를 헐고 그걸 가져다 땔감으로 쓰게."

마을 사람들은 깜짝 놀랐어요.

행랑채는 옛날에 머슴들이 묵는 곳이었어요. 양 영감은 해마다 여름이면 머슴을 데려다 행랑채에 묵게 하면서 농사를 지었거든요.

"행랑채가 없으면 내년에 머슴이 오지 않을 텐데, 농사는 어떻

게 지으려고 그러세요?"

마을 사람들이 걱정스레 물었어요.

"글쎄 걱정하지 말고, 어서 우리 행랑채를 헐게나."

마을 사람들은 양 영감의 말대로 행랑채를 부수어 땔감으로 쓰게 되었어요.

이듬해 봄이 되었어요. 모를 심고 농사를 지어야 하는데, 양 영감은 행랑채가 없어져 버려서 머슴을 구할 수가 없었어요. 행랑채가 없는 집에 머슴을 살겠다고 하는 사람은 없었으니까요.

"그것 봐요. 행랑채가 없으니 이제 올해 농사는 어떻게 지을 거예요?"

마을 사람들은 양 영감이 딱하다는 듯 말했어요.

"허허, 머슴이 없으면 나 혼자 지으면 되지 뭐가 걱정인가?"

양 영감은 아무렇지도 않은 듯 웃으며 혼자서 농사지을 준비를 했어요.

그런데 한 총각이 양 영감을 찾아왔어요.

"이 집에서 농사일을 배우고 싶습니다."

총각은 힘찬 목소리로 말했어요.

"이를 어쩌나? 우린 행랑채가 없어서 머슴을 들일 수가 없네."

"괜찮습니다. 낮에는 여기서 일하고, 밤에는 집에 가서 자겠습니다."

양 영감은 운 좋게 행랑채 없이도 머슴을 들였어요.

그런데 농사일을 배우겠다는 이 총각 머슴의 일솜씨가 보통이 아니었어요.

"아니, 저 총각은 어디서 온 거지?"

마을 사람들은 양 영감을 몹시 부러워했어요.

못자리를 할 때가 되었어요. 못자리란 볍씨를 뿌려 모를 기르는 것을 말해요. 그 모가 좀 자라면 논에다 옮겨 심는 것이에요.

그런데 총각 머슴은 못자리를 찬물이 졸졸 흐르는 샘가에 심는 것이 아니겠어요? 못자리는 논 한쪽에 만드는 것이 보통인데 말이에요.

"아니, 왜 샘가에 못자리를 만드나?"

양 영감이 물었어요.

"올해는 날이 무척 가물 것 같아서 그렇습니다."

총각 머슴이 싱글벙글 웃으며 대답했어요. 양 영감은 이미 총

각 머슴을 단단히 믿고 있는 터여서 그냥 내버려두었어요.

그런데 정말 그날부터 날이 가물기 시작했어요. 비는 한 방울도 내리지 않고, 날마다 뜨거운 햇볕만 내리쬐는 것이었어요.

드디어 모내기를 할 때가 되었어요. 하지만 마을 사람들은 모내기를 할 수 없었어요. 논에 만들어 놓은 못자리 모가 모두 말라 죽었거든요. 하지만 샘가에 심은 양 영감네 모는 무럭무럭 자라났어요.

양 영감은 자신의 모를 마을 사람들에게 골고루 나누어주었어요. 덕분에 모두 모내기를 할 수 있었지요.

어느덧 가을이 되었어요.

"전 이제 그만 가보겠습니다."

총각 머슴이 양 영감에게 꾸벅 인사를 했어요.

"그래, 그동안 수고했네."

양 영감은 총각 머슴의 품삯을 후하게 쳐서 내밀었어요.

"아닙니다. 필요 없습니다."

"왜 이러나? 일을 했으니 당연히 돈을 받아야지."

"품삯을 받으려고 한 일이 아닙니다."

총각 머슴은 끝까지 돈을 마다하더니 살려 주어 고맙단 말을

하고는 뒤돌아 후닥닥 뛰어가기 시작했어요. 그러더니 마을 앞 느티나무 앞에 이르러 갑자기 사라졌어요. 그러자 느티나무 가지가 위아래로 흔들렸어요. 마치 사람이 손을 흔드는 것처럼요.

양 영감은 깜짝 놀라 입을 다물지 못했어요.

그제야 양 영감은 모든 것을 알아챘어요. 총각 머슴은 양 영감이 살려 준 느티나무였던 거예요. 느티나무가 은혜를 갚은 거지요. 양 영감도 느티나무에게 손을 흔들어 주었답니다.

느티나무에는 이처럼 신기하고도 재미난 전설이 참 많아요.

　느티나무가 밤에 빛을 내던 마을에 좋은 일이 생긴다고도 하고, 울음소리를 내면 다음에 나쁜 일이 생긴다고도 해요. 또한 가지가 잘려 나가자 고을의 원님이 죽었다는 이야기도 있어요.
　이렇듯 많은 이야기가 전해지는 까닭은 느티나무가 마을의 중심이 되었기 때문이에요. 우리나라 사람들은 예부터 느티나무를 신령스러운 나무로 여겨 소중히 다루었어요. 또 느티나무 아래에 모여 마을의 일을 의논하기도 하고, 농사일로 힘든 몸을 쉬기도 했지요. 아이들은 느티나무를 다정한 친구처럼 여기며 놀았고요.
　"오늘은 날이 더우니 느티나무 아래에서 글공부를 하자꾸나."

훈장님 말씀에 천자문을 외우던 어린 아이들은 함성을 지르며 좋아하기도 했답니다.

느티나무도 꽃을 피우고 열매를 맺어요. 이른 봄 잎이 날 무렵에 꽃이 피는데, 너무 작아 자세히 보지 않으면 보이지 않는답니다. 또 10월에는 완두콩처럼 작은 열매가 열리고요.

우리나라에는 남원, 김해 등지에 천연기념물로 지정된 느티나무들이 많이 있어요. 특히 제주도 성읍 마을에 있는 천연기념물 제161호 느티나무는 나이가 천 살이 훨씬 넘지요. 이렇게 천 살이 넘는 느티나무만도 스물다섯 그루나 된답니다.

옷감을 염색하는 데 쓰인 식물

염색은 천이나 실 등에 색깔을 넣어 주는 것을 말해요. 이때 사용하는 재료를 염료라고 하지요. 요즘은 대부분 합성염료를 이용하여 공장에서 대규모로 염색을 하지만, 옛날에는 천연염료로 염색을 했어요. 옷감을 염색하는 데 쓰였던 식물에는 어떤 것들이 있는지 알아보아요.

우리나라에서 염료로 특별하게 많이 사용된 식물은 치자 열매와 쪽잎이었어요. 치자나무는 6~7월에 둥글고 하얀 꽃이 펴요. 그리고 9월이 되면 황갈색의 열매를 맺는데, 이 열매를 염료로 사용하는 거예요. 치자 열매를 뜨거운 물에 넣고 끓인 뒤, 천을 담그면 노란색으로 곱게 물들지요.

치자는 옷감뿐만 아니라 나무 그릇, 빈대떡, 전 등에 색깔을 낼 때도 사용해요.

8~9월에 붉은 꽃을 피우는 쪽은 잎을 염료로 사용하지요. 잎을 항아리에 담고 물을 부은 다음 돌로 눌러서 햇볕이 잘 드는 곳에 두어요. 5~6일 뒤 잎을 건져 내고 회분을 섞으면 아래로 가라앉는 물질이 생기는데, 이것으로 물을 들이는 것이지요. 보통 남색으로 물이 드는데, 그 농도에 따라 검정색에 가까운 남색도 되고 흰색에 가까운 남색도 된답니다.

이 밖에도 천연염료로 쓰이는 식물에는 황벽, 깽깽이풀, 잇꽃, 꼭두서니, 지치 등이 있어요. 꼭두서니와 잇꽃은 붉은 옷감을, 지치의 뿌리는 자색 옷감을 만드는 데 쓰인답니다.

쪽

잇꽃

지치 뿌리

임금님을 사랑한 거문고 여인
봉선화

옛날, 곧 아이를 낳을 어느 부인이 꿈을 꾸었어요.

꿈속에서 눈부시게 하얀 선녀가 부인에게 말했어요.

"너는 예쁜 딸아이를 낳게 될 것이다. 이걸 받아라."

선녀는 은빛 날개가 반짝이는 봉황 한 마리를 부인에게 안겨 주었지요.

다음 날, 부인은 선녀의 말대로 예쁜 딸아이를 낳았어요.

"아, 정말 딸이로구나. 봉황을 받고 낳은 딸이니 이름을 봉선이라고 지어야겠어."

봉선은 아주 예쁘게 자라났어요. 봉선은 거문고 연주하는 것을 특히 좋아했는데, 그 솜씨가 여간 뛰어난 게 아니었어요.

"이토록 아름다운 거문고 연주는 처음 들어 보는걸?"

"봉선의 거문고 연주를 들어 보지 못하고 죽는 것보다 억울한 일이 있을까?"

봉선의 거문고 연주를 들은 사람들은 모두 그 솜씨를 칭찬했어요. 그리고 이 소문은 궁궐에 계시는 임금님의 귀에까지 들어갔어요.

"허허, 그토록 거문고를 잘 타는 사람이 있다니. 나도 한번 들어 보고 싶구나."

그래서 봉선은 임금님 앞에 나아가 거문고를 연주하게 되었어요. 연주를 다 들은 임금님은 아주 만족한 얼굴로 봉선에게 후한 상금을 내려 주었어요.

그런데 임금님을 만나고 온 뒤부터 봉선은 시름시름 앓기 시작했어요. 여러 의원이 다녀갔지만, 아무도 봉선의 병을 고칠 수 없었어요.

그러던 어느 날이었어요. 임금님이 탄 마차가 봉선의 집 앞을 지나가게 되었어요. 그 소식을 들은 봉선은 안간힘을 쓰며 일어나 앉았어요. 그리고 거문고를 끌어안고 연주를 시작했어요.

"아니, 이 소리는 얼마 전 틍선이가 궁중에 와서 연주한 거문고 소리가 아니더냐?"

거문고 소리를 들은 임금님은 봉선의 집으로 들어갔어요.

"내 평생 이토록 아름다운 거문고 연주는 다시 듣지 못할 것 같구나."

임금님은 감탄했어요.

　그런데 그때 거문고를 타던 봉선의 손끝에서 붉은 피가 뚝뚝 떨어졌어요. 이를 본 임금님은 봉선의 손에 백반을 발라 주고 천으로 동여매 주었어요.

　임금님이 떠난 뒤, 봉선은 다시 시름시름 앓았어요. 그러다 곧 죽고 말았답니다.

　봉선은 처음 본 순간부터 임금님을 사랑했던 거예요. 하지만 그 말을 누구에게도 할 수 없었지요. 봉선은 마음속으로만 사랑을 키우다 죽게 된 것이랍니다.

봄이 오자 봉선의 무덤 위에 불그스름한 꽃이 피어났어요. 사람들은 봉선이 죽어 꽃으로 태어난 것이라고 생각하고 그 꽃을 봉선화라 불렀어요. 그 뒤 사람들은 봉선의 아픈 마음을 위로해 주기 위해 손톱에 봉선화 꽃잎으로 물을 들였어요.

손톱에 봉선화 물을 들이기 위해서는 먼저 색깔이 고운 봉선화 꽃잎과 잎사귀를 소금이나 백반과 함께 그릇에 넣고 찧어요. 이것을 손톱에 붙인 뒤 헝겊으로 싸서 실로 친친 감아 두는 거예요. 임금님이 봉선의 상처를 싸매 준 것처럼요. 이렇게 한 뒤 하룻밤을 자고 나면 손톱에 예쁜 꽃물이 들어 있답니다. 손톱에 들인 꽃물이 그 해 첫눈이 올 때까지 지워지지 않으면, 사랑이 이루어진다고 믿기도 하지요.

봉선화는 키가 60센티미터까지 자라며 7~8월에 빨간색, 분홍색, 흰색의 꽃이 펴요. 8~9월이 되면 약간 뾰족한 타원형에 가는 털이 난 열

매도 열려요. 이 열매는 살짝만 건드려도 터지면서 씨앗을 멀리 멀리 날려 보낸답니다. '나를 건드리지 마세요'라는 봉선화의 꽃말은 그래서 생긴 거예요.

예전에는 예쁜 꽃도 보고, 손톱에 꽃물도 들일 수 있어 집집마다 봉선화를 심었어요.

한때는 궁궐 가득 봉선화가 피어나기도 했어요. 궁궐에 심을 만큼 봉선화를 귀하게 여겼다는 뜻이지요. 그런데 이렇게 궁궐에 봉선화를 심게 된 데에는 사연이 있답니다.

고려 충선왕이 원나라에 잡혀갔을 때의 일이에요. 어느 날 충선왕이 고려에서 끌려 온 궁녀를 만나게 되었어요. 그런데 궁녀는 손가락을 흰 헝겊으로 동여매고 있었어요. 이를 이상히 여긴 충선왕이 그 이유를 물었어요. 그러자 궁녀가 대답했어요.

"저는 고려에서 끌려 온 사람입니다. 손가락을 동여맨 것은 봉선화로 손톱에 꽃물을 들이기 위해서지요. 몸은 비록 이곳으로 끌려 왔지만 고려의 풍습을 지키고 싶어서입니다."

충선왕은 남의 나라에 잡혀 와서도 조국의 풍습을 지키려고 애를 쓰는 궁녀의 마음이 감동하였어요.

나중에 고려로 돌아온 충선왕은 그 궁녀를 찾았어요. 하지만 궁녀는 이미 죽고 말았지요. 이를 안타깝게 여긴 충선왕은 궁녀의 죽음을 달래기 위해 궁궐 곳곳에 봉선화를 가득 심었답니다.

우리나라가 일본의 지배를 받고 있을 때, 봉선화는 조국을 생각하는 사람들의 마음속에서 더욱 진하게 피어났어요.

울 밑에 선 봉선화야, 네 모습이 처량하다.
길고 긴 날 여름철에 아름답게 꽃필 적에
어여쁘신 아가씨들 너를 반겨 놀았도다.

'봉선화'라는 이 노래는 일제 강점기 때 우리나라의 수많은 사람이 즐겨 부르던 노래예요. 나라를 잃은 사람들의 눈에는 길가 곳곳에 피어난 봉선화도 나라를 잃어 슬픔에 잠긴 것처럼 보인 것이지요.

그러자 일본 사람들은 이 노래를 부르지 못하게 했어요.

"무엇이? 봉선화가 처량하다고? 그것은 너희 민족이 처량하다는 뜻이지? 우리 일본이 너희를 이렇게 보살펴 주고 있는데 왜 처량하단 말이냐!"

하지만 우리나라 사람들은 숨어서 '봉선화'를 계속 불렀어요. 가슴속에 나라를 사랑하는 마음을 간직한 채 말이지요. 그래서 지금은 우리나라를 대표하는 노래 가운데 하나가 되었답니다.

백두 낭자·한라 도령과 함께 들어보는 우리 생활 속 식물 이야기

향기가 있는 추억의 우리 식물

'향기'라는 단어를 들으면 대부분 향수나 허브 같은 식물을 떠올리지요. 그런데 우리 조상들도 우리 식물로 은은한 향기를 즐겼답니다. 향기가 있는 우리 식물에는 어떤 것들이 있는지 알아보아요.

어른들 가운데에는 '향기 나는 식물' 하면 '박하'를 떠올리는 사람이 많아요. 박하는 우리에게 흔히 '박하사탕'으로 잘 알려져 있지요. 하얀 박하사탕을 입안에 넣으면 싸한 향이 돈답니다.

지금은 보기 힘들지만 박하는 들이나 집 울타리 주변에서 늘 볼 수 있는 식물이었어요. 박하는 긴 타원 모양의 잎을 가지고 있는데, 늦여름에서 가을까지 하얀 꽃을 피워요. 향기가 워낙 강해서 근처에만 가도 쉽게 구별할 수 있답니다.

박하 잎을 코끝에 갖다 대면 은은한 향기가 난답니다.

향기가 천리를 간다고 해서 이름 붙여진 천리향이에요.

    향이 좋기로 소문난 천리향도 있어요. 이름 그대로 향기가 천리를 간다고 해서 천리향이라고 불리게 되었지요.

    천리향은 일찍 꽃을 피워 봄의 향기를 다른 꽃보다 먼저 전해 주는 식물이에요. 안쪽은 흰빛이고 바깥쪽은 붉은 자줏빛이 도는 꽃으로 주로 제주도나 남쪽 지방에서 자란답니다.

    또한 향기하면 빼놓을 수 없는 것 중의 하나가 바로 모과나무예요. 모과는 생김새가 예쁘지 않아 못생긴 과일로 여겨지기도 하지요. 하지만 우리 조상들은 향기로는 으뜸으로 칠 만큼 모과 향을 좋아했어요.

    모과 향은 차멀미를 할 때나 속이 불편할 때 메스꺼움을 가시게 해주는 고마운 향이에요. 그래서 지금도 그윽한 모과 향을 잊지 못해 방 안이나 자동차 안에 모과를 두는 사람이 많이 있답니다.

향이 좋아 차를 끓여 마시기도 하는 모과네요~!

하늘의 법을 어긴 막내 선녀
인삼

"까르르, 깔깔."
"호호, 언니 그만해."

백두산 천지에 소녀들의 해맑은 웃음소리가 울려 퍼졌어요. 하늘에서 내려온 선녀들이 물장난을 치며 목욕을 하고 있었거든요. 그런데 막내 선녀는 목욕을 하지 않았어요. 목욕을 하는 것보다 아름답고 신비로운 백두산의 경치를 감상하는 것이 더 좋았나 봐요.

그때 어디선가 은은한 피리 소리가 들려 왔어요.
"누가 이리도 아름답게 피리를 부는 걸까?"

막내 선녀는 피리 소리를 따라 발길을 옮겼어요. 한참을 가던 선녀는 커다란 바위 앞에서 걸음을 멈추었어요. 그곳에는 아주 행복해 보이는 한 총각이 있었어요.

총각은 선녀가 온 것도 모르고 피리만 불고 있었어요. 선녀는 그만 총각에게 첫눈에 반해 버리고 말았어요. 하늘나라에 올라가서도 오로지 총각 생각뿐이었지요.

그러던 어느 날, 언니들과 함께 백두산 연못에 다시 내려온 막내 선녀는 총각의 피리 소리가 다시 들리지 않을까 기다렸어요. 하지만 한참을 기다려도 피리 소리는 들리지 않았어요.

　막내 선녀는 총각을 처음 본 바위 근처로 가 보았어요. 하지만 총각은 보이지 않았어요. 총각은 약초를 캐는 사람인데, 그동안 캔 약초를 팔러 장에 나간 중이었거든요.
　총각을 보지 못한 선녀는 몹시 서운하여 자리를 뜨지 못했어요. 여기저기 둘러보는데, 작은 동굴 하나가 보였어요. 선녀는 혹시나 하는 생각으로 동굴 안으로 들어갔어요.
　동굴 안으로 들어가자 벽에 걸린 피리가 보였어요. 총각이 불던 그 피리였어요.

"아, 그분의 집이 틀림없어."

선녀는 여기저기 널려 있는 옷가지를 들고 나와 깨끗이 빨아 두었어요. 또 맛있는 밥을 지어 상을 차려 놓았어요.

한참 뒤에 장에서 돌아온 총각은 깜짝 놀랐어요.

"거참, 이상하네."

총각은 귀신에 홀린 것만 같았어요. 하지만 몹시 배가 고프던 터라 차려진 음식들을 먹기 시작했어요. 세상에 태어나서 처음 먹어보는 맛있는 음식들이었어요.

동굴 밖에서 총각이 밥 먹는 모습을 몰래 지켜보던 선녀는 속으로 생각했어요.

'아, 저분에게 맛있는 음식을 날마다 해 드릴 수 있다면 얼마나 좋을까?'

밥을 다 먹은 총각은 피리를 들고 밖으로 나왔어요. 그리고 바위 위에 올라 피리를 불기 시작했어요.

피리 소리에 넋을 잃은 선녀는 그만 자기도 모르게 총각 앞에 모습을 드러내고 말았어요.

"헉! 다, 당신은 누구시오? 귀신이면 썩 물러가고 사람이면 말을 하시오."

얼굴이 새파랗게 질린 총각이 물었어요.

"소녀는 하늘에 사는 일곱 선녀 중 막내이옵니다. 도련님을 사모하는 마음에 찾아왔으니 물리치지 말아 주십시오."

　총각은 그제야 선녀를 제대로 바라볼 수 있었어요.
　"아니, 그렇다면 좀전에 내가 먹은 밥을 당신이 해 놓은 것이란 말이오?"
　"예, 그렇습니다."
　바위에서 내려온 총각은 선녀의 손을 꼭 잡아 주었어요. 하지만 하늘나라에서는 난리가 났어요.
　"이런 고얀 것이 있나? 선녀가 인간과 사랑에 빠져 하늘나라를 버렸단 말이냐!"
　옥황상제는 크게 노해서 변신 장군을 불렀어요. 변신 장군은 사람을 동물이나 식물로 변하게 할 수 있는 장군이었어요.
　"당장 내려가서 막내 선녀를 풀로 만들고, 막내 선녀와 사랑에 빠진 인간은 짐승으로 만들어 버리시오!"

 옥황상제의 명령을 받은 변신 장군은 백두산으로 내려갈 준비를 했어요. 그러자 언니 선녀들이 변신 장군에게 부탁했어요.
 "장군님, 저희 동생을 식물로 만드시려거든 세상에서 가장 진귀한 식물로 만들어 주세요."
 아무것도 모르는 선녀와 총각은 함께 약초를 캐다가 소나무 밑에서 행복하게 점심을 먹었어요. 점심을 먹고 따사로운 햇볕에 앉아 있으니 졸음이 쏟아졌어요.
 총각은 빨간 수건을 두른 선녀의 머리를 쓰다듬다가 스르르 잠이 들었어요. 그런데 꿈속에 선녀가 나타났어요. 꿈속에서 선녀는 눈물을 흘리며 말했어요.

"서방님과 함께 보낸 시간이 제겐 가장 행복한 시간이었어요. 이제 저는 하늘나라의 규칙을 어긴 죄로 풀이 된답니다. 머리에 빨간 열매가 달린 풀을 보면 저인 줄 아시고 지금처럼 귀히 여겨 주세요."

총각은 깜짝 놀라 잠에서 깨어났어요. 그런데 품안에서 잠들어 있던 선녀는 온데간데없고, 대신 머리에 빨간 열매가 달린 풀이 있는 것이 아니겠어요?

"흑흑, 당신이 정녕 이 풀로 변했단 말이오?"

슬피 울던 총각은 다시 한 번 깜짝 놀랐어요. 자기의 팔과 다리가 짐승의 모습으로 변해 있었기 때문이에요.

 총각은 빨간 열매가 달린 풀을 입에 물고 백두산 천지로 가서 자신의 모습을 비추어 보았어요. 그러자 슬픈 얼굴을 한 꽃사슴이 보였어요. 빨간 열매가 달린 풀을 입에 물고 말이에요.

 세상에서 가장 진귀한 풀로 만들어 달라던 언니들의 부탁대로 변신 장군은 막내 선녀를 인삼으로 만든 것이었어요. 총각은 순하디 순한 꽃사슴으로 만들었고요.

인삼은 아주 귀한 식물로 알려져 있어요. 지금처럼 의학이 발달하기 전에는 모든 병을 고치는 만병통치약으로 여길 만큼 약효가 뛰어났기 때문이지요.

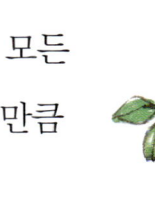

요즘에는 밭에 씨앗을 뿌려 재배를 하기도 하지만, 옛날에는 깊은 산속에서만 자랐기 때문에 효심이나 정성이 가득한 사람에게만 보인다는 이야기도 있었답니다.

인삼은 4월에 연녹색의 꽃을 피워요. 빨갛고 둥근 열매가 맺히는데, 그 뿌리를 약으로 사용하지요.

우리나라의 인삼이 세계에 널리 알려진 것은 1660년 무렵이에요. 당시 우리나라에 머물던 네덜란드 사람 하멜이 《하멜 표류기》에서 인삼을 '조선 특산품'이라고 소개했지요.

우리나라는 인삼이 자라기에 좋은 흙과 기후를 갖고 있어요. 그래서 중국과 미국에서도 인삼이 재배되지만, 우리나라의 것을 세계 최고로 친답니다.

백두 낭자 · 한라 도령과 함께 들어보는 우리 생활 속 식물 이야기

약으로 쓰인 식물

병원이 흔치 않던 옛날에는 간단한 병은 민간요법으로 고쳤어요. 이때에 쓰인 약에는 대부분 주변에서 쉽게 구할 수 있는 풀과 나무, 꽃 등을 이용했어요. 약으로 쓰인 식물에는 어떤 것들이 있는지 알아보아요.

백일해는 어린이들이 걸리기 쉬운 병이에요. 한 번 걸리면 백 일 동안 기침을 한다고 해서 백일해라고 불리지요. 이렇게 지독한 병에 걸린 손자 손녀를 위해 할아버지 할머니들은 배롱나무 뿌리를 캤어요. 그리고 그늘에 정성스레 말려 가루로 만들어 밥을 먹기 전에 아이에게 먹였지요.

약이 쓰다고 먹기 싫어하는 아이에게는 벽장 깊숙이 감추어 둔 꿀을

배롱나무는 붉은 꽃이 백 일 동안 핀다고 해서 백일홍나무라고도 해요.

꺼내 섞어 주기도 했어요. 이렇게 며칠을 먹이고 나면 언제 그랬냐는 듯이 기침이 멎었답니다.

머리가 아플 때는 질경이를 썼어요. 질경이는 여름에 들이나 산에 흔히 볼 수 있는 풀이에요. 질경이를 진하게 달여서 하루 세 번 밥 먹기 전에 마시면 머리 아픈 것이 사라지고, 감기도 낫는답니다.

이외에도 도토리는 뼈를 튼튼하게 해주고, 산딸기는 눈을 밝게 해주고, 칡은 열을 내리게 해주었어요. 우리 조상들은 이처럼 흔히 볼 수 있는 식물을 이용해 병을 물리치고 생명을 구했답니다.

질경이

칡뿌리

우리 민족의 대표적인 먹을거리 식물
벼

영구네 마을에도 봄이 찾아왔어요.

이른 아침, 안개 사이로 흐드러지게 핀 살구꽃과 복숭아꽃이 보였어요. 저 멀리 어느 집 굴뚝에서는 뿌연 연기가 피어오르고 있었지요.

"논갈이하기에 좋은 날씨구먼."

일찍 일어난 영구 아버지는 하늘을 보며 툇마루에 걸터앉았어요. 그러고는 잠시 생각에 잠겼어요. 해가 떴으니 이제 또 일을 시작해야겠지요.

영구 아버지는 뒤꼍에 있는 광에서 쟁기를 꺼내 열심히 손질했어요. 아침을 먹었으니 이제 쟁기를 들고 나서면 농촌의 하루가 시작되는 거예요.

사립문을 나서는 영구 아버지 뒤를 누렁이가 줄레줄레 따라나섰어요.

저쪽 논둑에서 누군가 논의 물을 대느라 무자위를 돌리는 것이 보였어요. 무자위는 물을 자아올리는 기계예요.

"아침은 제대로 먹고 하는 거야?"

"그럼! 벌써 먹었지. 올해는 농사가 아주 잘될 것 같구먼."

복길이 아버지와 인사를 나눈 영구 아버지는 쟁기로 논을 갈기 시작했어요.

　이렇게 논에 물을 대고 논갈이를 해야 한 해 농사가 본격적으로 시작되는 거예요. 모 심을 땅을 촉촉하고 고르게 만들어 놓아야 모가 건강한 벼로 자라나거든요.

　모는 어린 벼를 말해요. 모를 키우는 데는 아주 세심한 손길이 필요하답니다. 영구 아버지는 어린 영구를 키웠을 때처럼 정성을 다해 모를 키웠어요.

　모를 키우려면 우선 좋은 볍씨를 골라야 해요. 그래야 건강한 벼로 자라나 풍년이 들지요.

　영구 아버지는 튼실한 볍씨를 골라 소독을 했어요. 그런 다음

잘 씻어 사나흘 물에 담가 두었어요. 마침내 볍씨에서 싹이 트려고 했어요.

볍씨가 싹을 틔우려고 하면 못자리를 만들어 주어야 해요. 못자리에 볍씨를 뿌리면 볍씨에서 싹이 트고 모가 자라기 시작한답니다.

"못자리 관리는 잘하고 있어?"

"애 기르는 일이나 똑같지 뭐. 어제는 날이 하도 더워서 어찌나 조바심이 나던지……. 환기도 시켜 주고 온도도 적당히 맞춰주긴 했는데, 그래도 걱정이야."

복길이 아버지와 영구 아버지는 모를 심기 전까지는 한시도 마음을 놓을 수 없다며 서토의 못자리를 걱정해 주었어요. 어린 모는 신경을 조금만 덜 써도 죽어 버리거든요.

　논갈이가 끝나면 비료를 뿌리고 써레질을 해야 해요. 써레질은 갈아 놓은 논 표면을 고르게 만드는 일이에요. 써레질을 해야 비료도 고루 섞이고 논의 물이 달아나지 않는답니다. 써레질까지 끝을 내야 못자리에서 키운 모를 옮겨 심을 준비가 끝나는 거지요.

　드디어 모내기하는 날이 되었어요. 지금까지의 과정이 모두 중요하지만, 어린 벼를 논에 옮겨 심는 일은 벼농사에서 제일 중요하다고 할 수 있어요.

　모내기는 마을 사람 모두 함께 한답니다.

　"어기야디야, 어기야디야……."

　노랫가락에 맞춰 마을 사람들이 파릇파릇한 모를 심기 시작했어요. 못줄을 따라 한 움큼씩 모를 심고, 가끔 허리 한 번 펴

고……. 어느새 논은 푸른빛으로 변해 갔어요.

"모야, 건강하게 쑥쑥 자라거라."

"병충해도 입지 말고, 가뭄 걱정도 하지 말고."

"굵고 튼튼한 낟알만 주렁주렁 달거라."

마을 사람들은 모심기를 끝내고 한마디씩 소원을 말했어요. 영구 아버지는 누렇게 잘 익은 벼를 상상만 해도 행복했어요.

어린 벼들이 뜨거운 햇볕 아래 쑥쑥 자라기 시작했어요. 열매를 맺기 위해 큰 벼로 성장하는 것이지요.

영구 아버지는 여름 내내 논에 물 대는 일이며 거름 주는 일을 잊지 않았어요. 그리고 날마다 논에 나가 잡초를 뽑았어요. 그래야 벼가 쑥쑥 자랄 테니까요.

여름이 지나자 들판은 누런 황금빛으로 변했어요. 파랗던 잎이 누렇게 변하면서 누런 알갱이들이 열렸지요. 알갱이들이 얼마나 무거운지 벼들은 늘 고개를 숙이고 있었어요. 벼들이 고개 숙인

들판에 바람이 불면 들판은 노란 파도가 치는 바다 같았어요.
"후여, 후여!"

영구는 아버지를 따라 참새 떼를 쫓으러 들판으로 나갔어요. 참새들이 낟알을 쪼려고 들판 위를 어지럽게 날아다녔어요. 애써 키운 벼를 참새들이 먼저 쪼아 먹으면 큰일이지요. 하지만 영구 아버지는 기분이 좋았어요. 참새 떼가 아무리 못살게 굴어도 크고 단단하게 여문 낟알을 보니 올해도 풍년이 분명했거든요.

"쓱싹쓱싹."

마침내 벼 베기가 시작되었어요. 논바닥은 머리 깎은 아이처럼 어느새 까칠까칠한 벼 밑동만 남았어요.

벼를 다 벤 다음에는 벼에 달린 낟알들을 잘 거둬야 해요. 이 낟알들이 나중에 우리가 먹는 쌀이 되거든요.

"털털털털……."

영구네 마을은 하루 종일 탈곡기 돌아가는 소리로 요란했어요. 굵은 볏단을 한 움큼 들고 낟알을 털어 내니 누런 낟알들이 점점 쌓여갔어요.

"더도 말고 덜도 말고 이렇게만 농사가 된다면 살맛 나지!"

마을 사람들은 신바람이 절로 났어요. 추수를 끝낸 마을에는 함박웃음이 끊이지 않았답니다.

벼가 쌀이 되는 과정은 이것이 끝이 아니에요. 추수한 벼 알갱이를 잘 말린 다음, 정미소에서 여러 번 껍질을 벗겨야 비로소 우리가 먹는 하얀 쌀이 되는 것이지요. 그러니 우리가 먹는 쌀이 얼마나 귀한 것인지 알겠지요?

사람이 벼를 키우기 시작한 것은 6500~1만 년 전인 신석기 시대로 알려져 있어요. 강가에 정착해 살게 되면서 벼농사를 시작했지요.

우리나라에서도 일찍부터 벼를 기르기 시작했어요. 적어도 5000여 년 전부터 벼를 기른 것으로 알려져 있어요. 전국적으로 벼농사를 하게 된 건 농기구나 물 대는 기술 등이 발달하기 시작

한 통일 신라 때부터였고요.

　벼농사는 결코 쉬운 일이 아니에요. 특히 날씨의 영향을 많이 받기 때문에 우선 기후가 좋아야 하지요. 다행히 우리나라는 벼를 생산하기에는 아주 좋은 온대 기후라 벼농사가 잘된답니다.

　모를 심는 봄에서부터 거름과 물을 주는 여름을 거쳐 익은 벼를 추수하는 가을, 그리고 볏짚으로 새끼를 꼬았던 겨울에 이르기까지 우리 민족은 늘 벼와 함께 생활해 왔답니다.

백두 낭자·한라 도령과 함께 들어보는 **우리 생활 속 식물 이야기**

먹을거리가 되어 준 식물

우리나라는 통일 신라 때부터 본격적으로 벼농사를 시작했어요. 그러면 그전에는 무엇을 먹고 살았을까요? 먹을거리가 되어 주었던 식물에는 어떤 것들이 있는지 알아보아요.

    통일 신라 이전에는 기장, 조, 수수, 보리, 콩 등을 키웠어요. 《삼국사기》 등의 옛 기록에도 쌀보다 이런 잡곡에 관한 이야기가 더 많이 나온답니다.
    수수는 밭에 심는 곡식이에요. 주로 엿, 과자, 떡, 술 등을 만들었지요. 수수의 줄기를 수수깡이라고 하는데, 별다른 놀잇감이 없던 시절에 아이들의 즐거운 장난감이 되었답니다. 그뿐만 아니라 절인 배추의 물기를 뺄 때 도구로도 쓰고, 콩깍지나 고구마 등을 담아 두는 도구인 '통가리'를 만드는 데도 썼어요. 기장은 수수와 비슷하게 생겼는

옛날에는 돌 때 수수팥떡을 만들어 먹었대요.

데, 메마른 땅에서도 잘 자라 산간 지방에서 주로 재배했답니다.

또한 옛날에는 지금처럼 간식이 많지 않았어요. 겨울에는 특히 먹을거리가 없었지요. 그래서 곶감이나 칡뿌리, 군밤, 고구마 등을 먹곤 했지요.

칡은 산과 들 어디에서든 흔히 자라는 덩굴식물로 그 뿌리를 즐겨 먹었어요. 어른 팔뚝보다 더 굵은 칡뿌리를 캐면 온 마을 아이들이 나누어 먹었지요. 칡뿌리를 뜯어 씹으면 약물 같은 즙이 나와요. 즙이 다 빠진 뿌리는 껌처럼 질겅질겅 씹으며 다녔답니다.

오디나 삘기도 좋은 군것질거리였지요. 오디는 뽕나무의 열매로 아주 달고 맛있어요. 오디를 먹고 나면 입술과 혓바닥이 자줏빛으로 변한답니다.

삘기는 '띠'라는 식물의 어린 새순이에요. 연하고 갈착지근한 삘기는 먹을 것이 없던 옛날에 누구나 즐겨 먹던 간식이었답니다.

삘기

오디

오디를 많이 먹으면 방귀가 뽕뽕 나온다고 해서 그 나무를 뽕나무라고 불렀대요.

어머니를 지키는 울타리 꽃
무궁화

아주 옛날에 늙은 홀어머니를 모시고 사는 착한 총각이 있었어요. 비록 가난했지만 총각은 어머니와 함께 산다는 것이 무척 행복했어요.

"참말로 효자야, 효자."

"암! 우리 마을, 아니 우리나라를 다 둘러봐도 저렇게 효심이 깊은 아들은 없을 거야."

마을 사람들은 총각을 보기만 하면 칭찬을 아끼지 않았어요.

추운 겨울날 아들이 나무를 하러 산에 오를 때면 어머니는 속옷을 벗어 주었어요.

"날이 춥다. 이거라도 껴입고 가거라."

"괜찮아요, 어머니. 햇볕이 따뜻한걸요."

"난 따뜻한 방에 있는데 뭐가 춥겠니. 어서 입고 가거라."

"싫어요, 어머니."

총각은 후다닥 도망치듯 산에 올랐어요. 그러면 어머니는 하루 종일 속옷을 입지 않았어요. 혼자서만 따뜻하게 지낼 수는 없다고 생각한 것이지요.

총각은 나무를 내다 팔아 돈을 벌었어요. 그러나 아무리 먼 곳으로 나무를 팔러 가도 밥 때가 되면 꼭 집으로 돌아왔어요. 어머

니 혼자 진지를 드시게 해서는 안 된다고 생각해서였지요.

밤에는 어머니가 잠들 때까지 기다렸다가 불을 땠어요. 그리고 새벽에 일어나 다시 군불을 지폈지요. 아침이 되면 방이 식어 추워졌기 때문이에요.

그러던 어느 봄, 나라에 커다란 전쟁이 일어났어요. 건강한 젊은이는 모두 전쟁터로 가야 했지요. 효자 총각 역시 전쟁터로 나가야 했어요.

"어머니, 꼭 살아서 돌아오겠습니다. 그때까지 건강히 계셔야 합니다."

"내 걱정일랑 하지 말고 꼭 살아 돌아오너라."

아침이면 헤어져야 할 어머니와 아들은 밤새 손을 잡고 다짐을 했어요.

전쟁터에 나간 총각은 어머니 생각뿐이었어요. 어서 전쟁이 끝나 어머니 품으로 돌아가고 싶었지요. 그러던 어느 날, 총각은 그만 몹쓸 전염병에 걸리고 말았어요. 병사들 누구도 총각을 가까이하지 않았어요.

"자네와 함께 있으면 우리도 전염병에 걸리고 말거야. 그러니 그만 고향으로 돌아가주게."

총각은 고향으로 돌아가게 되었어요. 병이 깊어진 총각은 한 발짝도 제대로 걷기가 힘들었어요. 하지만 아무도 총각을 도와주지 않았어요. 몹쓸 전염병이 옮을까 봐 겁이 났기 때문이지요.

몇 달이나 걸렸을까요? 총각은 힘겹게 집에 도착했어요. 방 안에서 들려오는 어머니의 기침 소리를 듣자 병이 다 나은 것만 같았어요.

그런데 그 순간 총각의 등에 화살이 꽂혔어요. 마을을 지키는

병사가 쏜 화살이었어요. 병사는 총각이 전쟁터에서 자기만 살겠다고 도망쳐 온 것으로 오해한 것이지요.

총각은 그 자리에 뚝 쓰러졌어요. 놀란 어머니가 맨발로 뛰쳐나와 총각을 안았어요.

"어머니, 저를 먼 산에 묻지 마시고 언제나 어머니 곁에 있게 뒤뜰에 묻어 주세요."

총각은 마지막 말을 남기고 그토록 그리워하던 어머니 품안에서 조용히 눈을 감았어요.

어머니는 총각의 말대로 뒤뜰에 무덤을 만들어 주고 정성스레 보살폈어요.

이듬해, 총각의 무덤 위에서 꽃나무 싹이 자라났어요. 나무는 자라고 자라서 집을 온통 둘러쌌어요.

사람들은 이 꽃나무를 총각의 넋이라고 여겼어요. 혼자 사는 어머니를 지키기 위해 집을 빙 둘러 피어나는 것이라고요. 그래서 이 꽃을 자기들의 집 주변에 심어 울타리로 삼기 시작했어요. 총각이 어머니를 지켜 주듯이 자기들의 집도 지켜 주기를 바라는 마음이었지요.

이 꽃은 7월부터 10월까지 백여 일 동안 하얀색이나 분홍색의

꽃을 피워요. 다른 꽃들이 틈에 잠깐 피었다가 지는 데 반해 꽤 오랫동안 꽃을 피우죠. 그래서 사람들은 '영원하다'는 뜻의 무궁화라고 이름을 지었어요.

무궁화는 옮겨 심거나 잘라 심어도 튼튼하게 잘 자라요. 곧 쓰러져 죽을 것 같았지만 어머니를 만나기 위해 수백 리를 달려온 총각의 생명력을 이어받았기 때문이지요. 또한 수많은 전쟁과 침입 속에서도 굳건하게 역사를 이어 온 우리 민족과도 꼭 닮았어요. 우리나라 꽃으로 불릴 만한 자격이 충분하지요?

무궁화가 언제부터 우리나라 꽃으로 불렸는지는 정확히 알 수 없어요. 하지만 아주 오래전부터 무궁화가 우리나라를 상징했다는 기록은 있어요.

2100여 년 전에 쓰인 중국의 역사책 《산해경》에 '군자의 나라에 훈화초가 있는데 아침에 피었다가 저녁에 진다'라는 기록이 있어요.

'군자의 나라'는 우리나라를 가리키는 것이고, '훈화초'는 무궁화의 옛 이름이에요. 또 조선 세종 때 강희안이 쓴 《양화초록》에는 '우리나라는 단군이 나라를 세울 때부터 무궁화가 나왔기 때문에 중국에서 우리나라를 부를 때 반드시 무궁화의 나라라고 하였다'라는 내용도 있어요.

　옛날에는 궁궐 안에도 무궁화를 많이 심었다고 해요. 과거에 급제한 사람에게 무궁화를 주어 갓에 꽂게 하고, 또 잔치가 있을 때에는 신하들이 모자에 무궁화를 꽂는 풍속도 있었어요.

　하지만 우리 민족을 상징하는 꽃이라서 무궁화 역시 일제 강점기 때 온갖 수난을 겪어야 했어요. 일본 사람들이 무궁화를 볼품없고 지저분한 꽃이라고 욕하면서 심지 못하게 했거든요.

　이미 심은 무궁화는 캐내어 없애도록 부추기고, 무궁화를 캐어

오는 학생들에게 상을 주기도 했어요. 또 무궁화를 만지면 손에 부스럼이 생긴다거나, 쳐다보기만 해도 눈에 병이 생겨 시름시름 앓다가 죽어 간다는 거짓말을 퍼뜨리기도 했어요.

　이처럼 무궁화는 우리 민족과 고난을 함께 해 왔어요.

　요즘에는 무궁화를 심는 것을 좋아하지 않는 사람들도 있기는 해요. 무궁화가 영양분이 많아서 진딧물 같은 해충이 많이 달라붙기 때문이죠. 하지만 어디서나 잘 자라고 강한 생명력을 가진 무궁화의 이런 모습이 은근하고 끈기 있는 우리 민족과 많이 닮았기 때문에 변함없는 우리나라 꽃으로 이어져 오고 있답니다.

백두 낭자·한라 도령과 함께 들여다보는 **우리 생활 속 식물 이야기**

우리나라에서만 자라는 특산식물

특정한 국가나 지역에서만 자라는 식물을 '특산식물'이라고 해요. 우리나라에는 다른 나라에서는 볼 수 없는 진귀한 꽃들이 많이 피지요. 우리나라에서만 자라는 특산식물에는 어떤 것들이 있는지 알아보아요.

　우리나라에서만 볼 수 있는 특산식물인 금강초롱은 1902년 금강산에서 처음 발견했다고 해요. 중부와 북부 지방에서 주로 볼 수 있는데, 다소곳이 고개를 숙이고 있어 보는 사람의 마음을 겸손하게 해준답니다.

　천연기념물 제220호로 지정되어 있는 미선나무는 충청북도 괴산군과 진천군 일대에서만 자라는데, 꽃이 흰색이고 그 모양은 개나리와 많이 닮았어요.

미선나무예요.

또한 지리산 모뎀골에서 처음 발견되어 모데미꽃이라 불리는 꽃은 다섯 개의 흰 꽃받침이 마치 어린 아기의 토실토실한 손을 닮았답니다.

이 밖에도 장수만리화, 세뿔투구꽃, 금마타리, 한라장구채 등 우리나라에는 407종이나 되는 식물들이 특산식물로 정해져 보호를 받고 있답니다.

초롱꽃과 비슷해 이름붙은 금강초롱이에요.

지리산 모뎀골에서 처음 발견되어 모데미꽃이라 이름 붙여졌어요.

죽어서도 뜻을 꺾지 않은 기상
대나무

의자왕은 백제의 마지막 왕이에요. 하지만 의자왕이 백제를 다스리던 처음에는 오히려 삼국을 통일한 신라보다 더 큰 힘을 가지고 있었어요. 의자왕이 직접 군사를 이끌고 신라를 공격할 정도였지요.

그때 의자왕은 윤충이라는 장군에게 큰 임무를 맡겼어요.

"장군, 이번에 대야성을 완전히 우리 손에 넣읍시다. 대야성만 뺏고 나면 신라를 통합하는 건 시간문제일듯하오."

의자왕은 윤충에게 이렇게 말하고 1만 명의 군사를 보내 주었어요. 의자왕이 공격하려고 한 대야성은 지금의 경상남도 합천 지역이에요. 신라 선덕왕 11년 8월의 일이었답니다.

신라의 대야성은 발칵 뒤집히고 말았어요.

"장군, 큰일 났습니다. 백제 군사가 지금 대야성을 향해 달려오고 있습니다."

"뭐라고?"

부하의 다급한 목소리에 대야성을 지키던 신라 장수 죽죽은 벌떡 일어났어요.

'백제가 언젠가는 공격해 올 거라고 생각은 했었지만 이렇게 갑작스럽게……. 지금 우리 군사력으로는 쉽지 않은 싸움이 될 텐

데 이를 어쩌나?'

　죽죽의 마음은 몹시 무거웠어요.

"그래, 백제의 군사는 어느 정도 되느냐?"

"1만 명은 족히 넘을 듯합니다."

　죽죽의 얼굴이 금세 어두워졌어요. 당시의 신라 군사로는 그렇게 많은 백제 군사를 당해 낼 수 없었기 때문이지요.

　하지만 죽죽은 주먹을 불끈 쥐었어요. 그는 대야성을 책임지고 지켜야 할 장수였으므로 이미 죽음을 각오하고 있었어요.

죽죽은 병사들에게 명령을 내렸어요.

"각 성문을 철통같이 지키고 모두 목숨을 걸고 싸우라!"

죽죽은 조금도 흔들리지 않았어요. 죽죽이 두려워하면 그를 따르는 병사들의 사기는 금방 땅에 떨어지고 말 테니까요. 그래서 죽죽은 반드시 이길 수 있다는 생각으로 전쟁에 임했어요.

하지만 신라 군사의 몇 배나 되는 백제 군사를 이기기란 거의 불가능했어요. 백제 군사들은 물밀듯이 대야성을 넘어와 신라 군사를 쓰러뜨렸어요.

신라 군사가 점점 밀리게 되자, 함께 싸우던 장수인 용석이 죽죽을 불렀어요.

"여보게, 죽죽. 지금 우리 군사로는 백제군을 이기기 어렵네. 이대로 싸우다간 모든 병사가 목숨을 잃을 게 뻔해."

"군인은 나라를 지켜야 할 책임을 갖고 있네. 이제 우리는 목숨을 걸고 백제군을 막아 내는 수밖에 없다는 걸 명심하게."

죽죽은 결심이 굳었어요.

이때, 용석이 죽죽의 어깨를 치며 말했어요.

"죽죽, 일단 이쯤에서 항복하세."

"뭐라고? 자네, 지금 뭐라고 했는가?"

"우선 항복부터 하잔 말일세. 항복한 뒤에 다시 대야성을 뺏을 궁리를 하는 게 현명할 것 같네."

용석의 말에 죽죽은 펄쩍 뛰며 말했어요.

"뭐라고? 끝까지 싸워 보지도 않고 비겁하게 순순히 성을 내주자는 말인가? 그건 장수로서 가장 부끄러운 일일세."

죽죽은 절대 그런 일은 할 수 없다고 잘라 말했어요. 부하를 생각하는 용석의 마음은 이해할 수 있었어요. 하지만 죽죽은 죽음이 두려워 항복하는 것은 옳지 못하다고 생각했어요.

"여보게, 용석. 우리 아버지가 왜 내 이름을 '죽죽'이라고 지어 주셨는지 아는가?"

죽죽은 갑자기 자신의 이름 이야기를 꺼냈어요.

"어렸을 때 아버지께 여쭈었지. 왜 내 이름을 죽죽이라고 지었

느냐고 말이야. 그때 아버지께서 이렇게 말씀하셨네. '내가 대나무 죽(竹) 자를 써서 네 이름을 지은 것은 네가 대나무처럼 살기를 원했기 대문이란다. 저 대나무를 보아라. 대나무는 아무리 추운 겨

울에도 그 푸른빛을 잃지 않는단다. 그리고 늘 저렇게 곧은 자세로 서 있으니 본받을 만하지 않느냐.'하고 말일세."

죽죽의 말을 들은 용석은 눈물을 뚝뚝 흘렸어요.

"그러니 내 어찌 죽음이 두려워 항복할 수 있겠는가. 아버지께서 내게 지어 주신 이름처럼 장수의 본분을 지켜 끝까지 싸우다 죽겠네."

죽죽은 다시 백제군과 맞서 싸웠어요. 하지만 대야성은 백제군에 완전히 점령당하고 말았어요. 끝까지 용감하게 싸우던 죽죽은 결국 목숨을 잃고 말았어요. 곧은 대나무처럼 한결같은 충성심으로 끝까지 최선을 다해 싸운 거예요.

이 소식이 전해지자, 신라 왕은 죽죽에게 '진골'이라는 왕족의 골품을 내려 주었어요. 그리고 그의 가족들을 왕이 있는 곳으로 불러 오랫동안 극진히 대접했어요.

경상북도와 충청북도의 경계 지역에 죽령이라는 재가 있어요. 이 고갯길이 바로 장수 죽죽이 닦은 길이에요. 그래서 그의 이름을 따서 '죽령'이라고 부르지요.

대나무는 따뜻한 곳을 좋아해 남쪽 지방에서 잘 자라요. 그래서 남쪽 지방에는 대나무가 울창한 숲을 이룬 곳이 많아요.

또한 대나무는 쓰임새가 많은 식물이랍니다. 옷이나 베개를 만들기도 하고, 채반이나 광주리를 만들기도 해요. 붓을 넣어 두는 통, 담뱃대, 갈퀴, 연 등을 만드는 데도 쓰이고요. 또한 죽순은 먹기도 하지요.

예로부터 우리 조상들은 대나무를 곧은 마음과 굳은 의지를 상징하는 식물로 여겼어요. 하늘 위로 곧게 자라는 대나무의 모양새가 깨끗한 이미지와 잘 어울린다고 생각했기 때문이에요. 그래서 대나무와 얽힌 이야기들에는 선비들의 곧은 정신이나 충성심과 관련된 이야기가 많지요.

또한 선비들은 대나무 그리기를 좋아했어요. 꼿꼿하고 속이 비어 있는 대나무의 모양이 마음을 비우고 깨끗하게 살아가는 선비의 모습과 꼭 닮았다고 여겼기 때문이지요.

또 대나무를 소재로 시나 문학 작품을 짓기도 했어요. 조선 시대의 뛰어난 시인이던 윤선도는 〈오우가〉라는 시에서 대나무를 이렇게 노래하기도 했답니다.

나무도 아닌 것이 풀도 아닌 것이
곧게 자라기는 누가 그리 시켰으며
또 속은 어이하여 비어 있는가.
저리하고도 사계절에 늘 푸르니
나는 그것을 좋아하노라.

　이처럼 대나무는 장수와 선비들의 마음에 늘 본보기처럼 자라는 나무였어요. 텅 빈 대지를 보면서 늘 바르고 곧은 생각만 하려고 애썼지요. 오늘날에도 대나무는 이러한 조상들의 정신을 우리에게 가르쳐 주고 있답니다.

백두 낭자 · 한라 도령과 함께 들어보는 우리 생활 속 식물 이야기

선비와 예술가들이 좋아한 식물

우리 민족은 유난히 자연을 좋아하는 민족이에요. 그래서 많은 사람이 자연 속의 식물을 그림으로 그리는 것을 좋아했지요. 옛 선비나 예술가들이 좋아한 식물에는 어떤 것들이 있는지 알아보아요.

조선 시대 선비들은 매화, 난초, 국화, 대나무 그리기를 좋아했어요. 이 네 가지를 사군자라고 부르며 그 기품을 본받으려 애썼지요. '군자'는 어질고, 기품 있고, 바른 생활을 하는 사람을 일컫는 말이에요.

매화는 이른 봄에 추위를 무릅쓰고 피어나고, 난초는 깊은 산속에서 피어 그윽한 향기를 먼 곳까지 퍼져 나가게 해요. 또 국화는 늦가을에 추위를 이겨내며 피

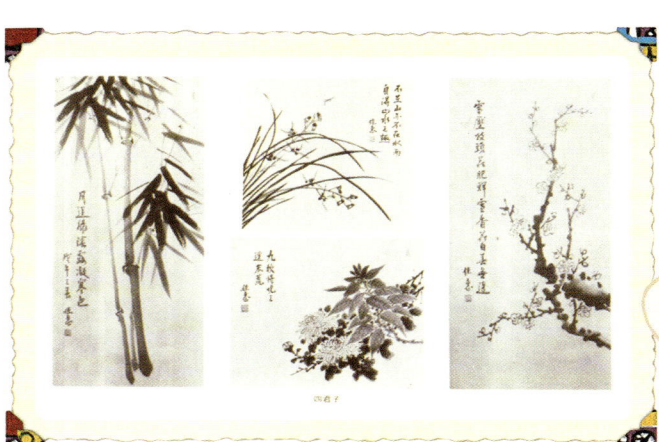

영친왕이 그린 사군자예요~!

고, 대나무는 옆으로 휘거나 굽지 않고 곧게 자라나지요.

　글을 쓰는 작가들도 식물을 시로 노래하거나 소설로 쓰기를 좋아했어요. '이제는 돌아와 거울 앞에 선 내 누님 같은 꽃이여' 라는 구절로 유명한 서정주의 〈국화 옆에서〉라는 시는 수많은 사람이 가슴에 새긴 시지요.

　사랑하는 사람과 헤어지는 아픈 마음을 노래한 김소월의 시 〈진달래꽃〉, 소년 소녀들의 애틋한 사랑을 그린 김유정의 소설 〈동백꽃〉, 아버지와 아들의 만남을 가슴 아프게 쓴 이효석의 소설 〈메밀꽃 필 무렵〉 등은 식물을 소재로 한 대표적인 문학 작품들이랍니다.

하얀 메밀꽃이 가득 핀 메밀밭이에요~!

고향이 그리워 흘린 눈물
찔레

고려 시대 때의 이야기예요. 몽골군이 우리나라에 쳐들어왔어요. 고려군은 있는 힘을 다해 싸웠지만 힘이 워낙 강한 몽골군을 이길 수가 없었어요. 전쟁에서 이긴 몽골족은 자기네 나라인 원나라를 섬길 것을 요구했어요. 그러고는 우리나라에서 나는 귀한 물건을 많이 가져갔어요.

그러던 어느 날, 큰일이 벌어졌어요.

"여보게, 큰일 났네. 몽골에서 고려의 처녀들을 데려가려고 한다네……."

"뭐라고? 고려에서 나는 좋은 물건들을 죄다 가져가더니 이제 우리 딸들까지? 이 천하에 몹쓸 놈들!"

딸을 가진 집에서는 울음소리가 그치지 않았어요. 곱게 키운 딸을 누가 다른 나라로 보내고 싶겠어요.

"네 이놈들! 하늘이 무섭지도 않느냐? 나는 못 보낸다. 나는 못 보내!"

"여보, 차라리 우리 모두 죽읍시다. 차라리 죽는 편이 낫겠어요. 흑흑……."

집집마다 나라에서 나온 관리와 실랑이가 벌어졌어요. 죽음을 택하는 처녀도 있었어요. 하지만 처녀를 원나라에 보내지 않으면

어떤 일이 벌어질지 모를 일이었어요. 그래서 처녀들은 하는 수 없이 원나라로 떠나게 되었어요.

그중에는 찔레라는 소녀도 있었어요. 원나라로 끌려간 찔레는 부모님과 동생들이 있는 고향에 가고 싶어 날마다 눈물로 보냈어요.

찔레가 점점 야위어 가자 주인이 물었어요.

"찔레야, 어디 아픈 곳이라도 있는 게냐? 얼굴에 근심이 가득하구나."

다행히 찔레의 주인은 착한 사람이었어요.

"아무리 좋은 옷을 입고 좋은 음식을 먹어도 이곳에서는 행복하지 않아요. 고향 식구들 생각에 하루도 마음 편히 자 본 일이 없답니다."

찔레는 계속 눈물만 흘렸어요. 주인은 그런 찔레가 불쌍해서 견딜 수가 없었어요.

"그렇다면 네 식구들을 데려와 함께 살자꾸나. 그러면 네 얼굴에 웃음꽃이 필까?"

주인은 그의 하인들을 고려로 보냈어요. 하지만 하인들은 찔레의 가족을 데려오지 못했어요. 가족들을 찾을 수 없다며 그냥 돌아온 거예요.

그러자 찔레는 가족들 걱정에 더욱 야위어갔어요. 주인은 찔레를 몹시 안타까워했어요.

"찔레야, 이번에는 네가 직접 고향에 다녀오렴."

"정말이에요? 정말 고향에 다녀와도 돼요?"

주인은 고개를 끄덕였어요. 찔레는 눈물을 거두고 환하게 웃었

어요.

　찔레는 설레는 마음으로 고향을 향해 떠났어요.

　'이제 조금만 있으면 부모님을 뵐 수 있겠지? 부모님은 건강하실까? 내 걱정하시느라 끼니를 거르시는 건 아닐까? 동생들은 그동안 많이 컸겠지?'

　이런저런 생각을 하는 동안 드디어 국경을 넘었어요. 고려 땅을 다시 밟은 찔레는 마음이 뭉클했어요. 산과 들에는 어린 시절에 보았던 하얗고 붉은 꽃들이 만발했어요. 찔레는 멀고 먼 길을 달려 마침내 고향에 닿았어요. 고향은 예전 그대로였어요.

　'내가 떠났을 때의 모습 그대로구나. 하나도 변하지 않았어.'

찔레는 가슴이 콩닥콩닥 뛰었어요. 마을에 들어서자 찔레는 집으로 뛰기 시작했어요.

"아버지, 어머니! 제가 왔어요! 찔레가 왔어요!"

그런데 집 앞에 선 찔레는 깜짝 놀라고 말았어요. 찔레가 살던 집이 온통 시커멓게 불에 타고 잿더미만 남아 있었던 거예요.

찔레가 온 것을 알게 된 마을 사람들은 눈시울을 붉혔어요.

"쯧쯧, 어떻게 이런 일이…… 네가 몽골로 떠난 뒤 네 부모님들은 날마다 끼니도 거르고 네 이름을 부르며 울었단다. 그리고 조금 뒤에 집에 불이 나고, 식구들 모두 죽었단다."

"아니에요, 그럴 리가 없어요. 어딘가에 살아계실 거예요. 그럴 리가 없다고요. 내가 얼마나 보고 싶어 했는데……. 흑흑."

찔레는 그만 쓰러지그 말았어요.

찔레는 그 뒤로 날마다 산속을 헤맸어요. 온 산을 뒤지며 가족을 애타게 불렀어요.

"아버지! 어머니! 동생들아!"

찔레는 아무것도 먹지 않고 미친 듯이 식구들을 찾아 헤맸어요. 하지만 죽은 가족들이 살아서 돌아올 리가 없었어요. 가족들을 찾아 헤매다가 힘이 다 빠진 찔레는 어느 깊은 산속에 쓰러져 죽고 말았어요.

 이듬해 봄이 오자 찔레가 죽은 땅에서 꽃이 피기 시작했어요. 작은 가시가 박힌 꽃이었어요. 마치 찔레의 아픈 마음을 보여 주는 것 같았어요.

 "찔레가 죽어서도 부모를 잊지 못해 꽃으로 피어난 거야."

 "그래, 찔레는 이제 꽃이 되어 우리 고향을 영원히 떠나지 않을

거야."
 마을 사람들은 그 꽃에 찔레의 이름을 붙여 '찔레꽃'이라 이름 지었어요.
 이런 슬픈 이야기 때문인지 찔레꽃은 늘 사람들에게 '고향의 꽃'으로 기억되고 있어요. 그래서 찔레꽃을 생각하면 고향을 떠올리는 어른이 많답니다.
 찔레꽃과 관련된 다음과 같은 노래도 많이 불렸고요.

엄마 일 가는 길에 하얀 찔레꽃,
찔레꽃 하얀 잎은 맛도 좋지.
배고픈 날 가만히 따먹었다오.
엄마, 엄마 부르며 따먹었다오.

 찔레꽃은 장미과에 속하는 꽃이에요. 해마다 5월이면 새잎이 나고 하얀 꽃이 피는데, 키가 커서 2미터나 자라는 것도 있지요.

줄기에는 가슴 아프게 죽어 간 찔레의 넋인 듯 작은 가시들이 달려 있어요.
찔레꽃은 우리나라 어디에서든 피어나는 식물로, 울타리나 넓은 들판에 하얗게 피어난답니다.

　우리 부모님들은 어릴 때 찔레의 어린순을 먹기도 하고, 이걸로 소꿉놀이를 하기도 했어요. 봄이 되면 산에 핀 진달래 꽃잎이나 감꽃 등을 따먹기도 했는데, 특히 찔레꽃은 아무리 먹어도 배탈이 나지 않아서 간식으로 곧잘 먹었어요. 이렇게 찔레꽃은 추억과 정겨움이 가득 담긴 꽃이랍니다.

백두 낭자·한라 도령과 함께 들여다보는 우리 생활 속 식물 이야기

고향을 생각나게 하는 식물

봄이면 마을 전체가 온통 꽃으로 뒤덮여 아이들은 꽃을 따먹기도 하고, 꽃으로 소꿉놀이를 하기도 했어요. 그래서 고향을 생각하면 마을에 피던 꽃들이 아련히 떠오르게 되지요. 고향을 생각나게 하는 식물에는 어떤 것들이 있는지 알아보아요.

'나의 살던 고향은 꽃피는 산골, 복숭아꽃, 살구꽃, 아기 진달래……'
동요의 노랫말 속에는 고향을 생각나게 하는 추억의 꽃이 많이 나오지요.
'고향의 봄' 이라는 이 노래 가사에는 복숭아꽃, 살구꽃, 진달래꽃이 등장해요. 이 꽃들은 모두 봄에 활짝 펴서 노랫말처럼 온 동네를 꽃 대궐로 만들곤 했지요.

엷은 분홍빛의 복숭아꽃이 마을마다 눈꽃처럼 피고, 먼 산에는 붉은 진달래꽃이 고개를 내밀기 시작하면 사람들은 자연스레 고향을 떠올리게 되지요.

고향을 생각나게 하는 복숭아꽃이에요.

'아빠하고 나하고 만든 꽃밭에, 채송화도 봉선화도 한창입니다…….'

'올해도 과꽃이 피었습니다. 꽃밭 가득 예쁘게 피었습니다…….'

두 동요에 나오는 채송화, 봉선화, 과꽃 등도 어디에서나 잘 자라 마을에서 쉽게 볼 수 있는 꽃들이에요.

또 꽃잎을 따 꿀을 쪽쪽 빨아먹던 붉은 사루비아, 닭벼슬처럼 생겨 놀리던 맨드라미, 아침마다 덩굴을 타고 피어오르던 나팔꽃, 커다란 씨를 몰래 빼먹고 도망가곤 했던 노란 해바라기 등도 모두 고향을 생각나게 하는 꽃들이랍니다.

채송화

맨드라미

나팔꽃

백두산에 퍼진 송풍과 라월의 사랑
소나무

옛날, 백두산 기슭의 한 마을에 송풍이라는 총각과 라월이라는 처녀가 살았어요. 송풍은 '소나무와 바람'이란 뜻이고, 라월은 '넝쿨 사이에 비친 달'이란 뜻을 가지고 있었지요.

송풍과 라월은 서로 몹시 사랑해서 조금도 떨어져 있을 수가 없었어요.

그런데 이 마을을 다스리는 촌장이 라월을 보고 첫눈에 반하고 말았어요.

"촌장님이 너랑 결혼하고 싶어하는구나. 촌장님께 시집을 가면 너는 평생 편안하고 행복하게 살 수 있을 거야."

촌장이 보낸 중매꾼이 말했어요. 하지만 라월은 한마디로 거절했어요.

"저에게는 사랑하는 사람이 따로 있습니다. 더는 제게 그런 말씀은 말아 주세요."

이 말을 전해 들은 촌장은 몹시 화가 났어요.

"음, 송풍만 없으면 라월은 내게 올 거야."

촌장은 곧 송풍을 찾아갔어요.

"송풍아, 너는 저 멀리 일을 하러 가야겠다."

"네? 그게 무슨 말씀이십니까? 제게는 나이 드신 어머니가 있고, 또 이미 결혼을 약속한 사람도 있는데……. 어찌 멀리 보내려 하시나요?"

"라월의 집에서 내게 빚을 진 것을 모르느냐? 가서 일 년 동안 일하고 오면 그 빚을 없던 것으로 해주겠다. 딱 일 년!"

할 수 없이 송풍은 촌장의 말을 따르기로 했어요.

그날 밤, 송풍은 라월과 함께 강가로 나갔어요. 송풍은 라월에게 일 년만 기다려 달라고 말했어요.

그리고 다음날 아침, 송풍이 떠났어요.

송풍이 떠난 지 얼마 안 되어 촌장은 다시 라월을 달랬어요.

"라월아, 내 아내만 되면 너를 평생 보석으로 치장해 주고, 또 주변의 모든 사람이 너를 우러러보게 만들어 주겠다."

그러나 송풍을 향한 라월의 마음을 빼앗을 수는 없었어요.

"그럴 수 없습니다. 저는 영원히 송풍에게만 아름다운 여인이 될 것입니다."

그러고는 송풍이 오기만을 손꼽아 기다렸어요.

드디어 일 년이 다 지나고 송풍이 돌아올 때가 되었어요. 그런데 함께 일을 하러 떠난 다른 일꾼들은 모두 돌아왔는데 송풍은

오지 않았어요. 사람들 사이에선 송풍이 일을 하다가 돌에 깔려 죽었다는 소문이 나기 시작했어요.

"아냐, 그럴 리가 없어. 송풍은 반드시 돌아올 거야."

라월은 밤마다 눈물을 흘리며 송풍을 기다렸어요. 하지만 달이 바뀌고 해가 바뀌어 삼 년이 지나도 송풍은 돌아오지 않았어요.

어느 날 촌장이 다시 라월을 찾아와 말했어요.

"더는 못 기다리겠다. 송풍이 돌아오지 못했으니 빚을 갚을 수가 없겠지? 그러니 내게 시집오지 않으려면 넌 우리 집의 종이 되어야 한다."

라월이 대답했어요.

"오늘 밤 송풍의 제사를 지내고, 내일 당신의 부인이 되겠어요. 오늘 밤만 기다려 주세요."

촌장은 라월의 말을 듣고 신이 나서 집으로 돌아갔어요.

그날 밤, 라월은 송풍과 함께 갔던 강가로 나갔어요.

"당신은 정말 죽었나요? 그렇다면 이 몸도 당신을 따라 저승으로 가겠어요."

라월은 강으로 몸을 던지고 말았어요.

그런데 죽은 줄 알았던 송풍이 돌아왔어요. 그동안 촌장의 말에 속아 계속 일을 하느라 돌아오지 못했던 거예요.

"이럴 수가, 어떻게 이럴 수가 있단 말이냐? 라월아, 왜 나를 두고 혼자 갔느냐?"

송풍은 라월이 죽은 것을 알고 서럽게 울었어요. 그러고는 라월의 무덤이 있는 강가로 달려갔어요.

라월의 무덤 위에는 소나무 한 그루가 자라고 있었어요.

"라월아, 라월아!"

송풍은 소나무를 끌어안고 울부짖다가 그만 피를 토하고 그 자리에서 숨을 거두었어요. 그러자 송풍의 죽은 몸에서 뽀얀 안개가 피어났어요. 안개는 소나무를 감싸고 우는 듯 춤을 추었지요.

그 뒤 이 소나무는 그 어떤 나무보다도 건강하고 아름답게 자라났어요.

"소나무가 어쩌면 이리도 아름답게 자랄까?"

보는 사람들마다 소나무를 칭송하며 이 소나무를 미인송이라고 불렀어요.

세월이 흐르면서 미인송의 씨앗들이 널리 날아갔어요. 그리고 몇십 년이 흘러 그 근처는 울창한 미인송 숲으로 변했지요.

소나무는 송풍과 라월의 사랑처럼 변하지 않고 올곧은 마음을 상징하는 나무예요. 소나무는 우리말로 '솔'이라고도 하는데, 솔은 높고 으뜸이라는 뜻을 가지고 있지요.

이처럼 소나무는 꼿꼿하고 변함없는 우리 조상들의 기상을 잘 나타내는 나무예요. 보통의 나무들은 봄, 여름에 푸르게 잎을 키우다 가을에 단풍이 들고 겨울에는 쓸쓸한 나뭇가지만을 남기지만, 소나무는 언제나 푸른 솔잎을 지니고 있으니까요.

그래서 옛날의 선비들이나 화가들은 소나무를 칭송하여 시를 짓거나 그림으로 그렸어요.

남산 위의 저 소나무 철갑을 두른 듯,
바람 소리 불변함은 우리 기상일세.

소나무는 우리나라 애국가에도 등장해요. 계절이 변해도 푸르게 서 있는 소나무가 어떤 어려움도 견디고 이겨 나가는 우리 민족과 같다고 노래한 것이지요.

소나무는 가난한 백성들의 생활에도 많은 도움을 주었어요. 먹을 것이 없어 굶어 죽게 되었을 때는 소나무 껍데기를 벗겨 먹으며 목숨을 지켰고, 생활이 나아졌을 때는 소나무 꽃가루를 꿀과 섞어 과자를 만들어 먹었어요. 또 껍질이나 송진, 잎 등을 이용해 갖가지 약을 만들기도 했었지요.

이렇듯 소중한 나무이기에 사람처럼 벼슬을 했다는 이야기도 전해 오고 있어요.

속리산 법주사 입구에 있는 소나무는 정이품의 벼슬을 가지고 있어요. 지금의 장관과 같은 아주 높은 자리의 벼슬이지요.

조선 시대 때 세조가 이 소나무 밑을 지나게 되었어요. 그런데 가마의 꼭대기가 가지에 걸려 지나갈 수가 없었지요. 그러자 소나무가 스스로 가지를 높이 쳐들어 가마가 지나가도록 했어요. 이에 감동한 세조가 이 소나무에게 정이품의 벼슬을 내렸대요.

어때요? 소나무를 나무 가운데 으뜸이라고 부를 만하지요?

백두 낭자·한라 도령과 함께 들어보는 **우리 생활 속 식물 이야기**

생활용품을 만드는 데 사용되었던 식물

지금처럼 공장에서 물건을 만들어 내기 전에는 자연에서 쉽게 얻을 수 있는 식물을 이용해 생활용품을 만들어 쓰는 경우가 많았어요. 생활용품을 만드는 데 사용되었던 식물에는 어떤 것들이 있는지 알아보아요.

농사를 짓는 시골에서는 풀과 짚을 이용해 만든 생활 도구들을 많이 사용했었어요. 이러한 도구들이 없으면 농사를 지으며 살 수 없을 정도였지요.

예를 들어 옛날의 시골집들은 대부분 초가집이었어요. 이때 초가집의 지붕은 벼를 심어 쌀을 얻고 난 뒤 남은 짚으로 덮었어요. 또 짚을 이용해 쌀을 넣어 두는 가마니를 만들고, 비옷인 도롱이나 신발도 만들었답니다.

짚으로 지붕을 올린 제주도의 초가집들이에요.

짚으로 엮은 짚신이에요.

또한 칡으로는 곡식을 털 때 사용하는 도리깨를 만들고, 싸리나무 가지로는 빗자루도 만들었어요. 보리 짚이나 대나무로는 패랭이라는 갓을 만들어 썼고요. 뿐만 아니라 박 껍데기는 물을 푸는 바가지로 사용했답니다.
 이 밖에도 해녀들이 쓰는 태왁, 햇볕을 가려 주는 발, 여름에 쓰는 죽부인, 돗자리 등도 짚이나 풀, 나무를 이용해 만든 도구랍니다.

여름을 시원하게 보내기 위해 대나무로 만든 죽부인이에요~!

부록

교과가 튼튼해지는
우리 것 우리 얘기

우리 민족과 함께 해온 소중한 식물 이야기들, 잘 읽어 보셨나요?

열매 뿐 아니라 그 잎이나 나무까지도 모두 사용했던 감나무에서부터 사시사철 푸르른 소나무까지, 오랜 시간 우리와 함께 해온 식물들은 생활 곳곳에서 많은 도움을 주었답니다.

특히 요즈음에는 자연에서 얻어지는 천연염료를 이용하여 만든 천연 옷감들이 주목을 받고 있지요. 색을 내는 우리의 전통염료인 천연염료 식물에 대해서 좀 더 알아볼까요?

색을 내는 우리의 전통염료 식물

지금은 잡지부터 옷, 포장지까지 모두 화려한 색을 사용하지만 옛날에 색을 얻는다는 것은 무척 까다로운 일이었어요. 식물을 통해서 얻은 색을 천에 물들이고 물 빠짐없이 안전하게 염색하려면 오랜 경험과 뛰어난 기술이 필요했기 때문이지요.

신비스러우면서도 자연을 쏙 빼닮은 멋스러움이 담긴 전통염료 식물에는 어떤 것들이 있는지 알아보아요.

맑은 하늘 같은, 깊은 바다 같은 푸른 빛, 쪽

쪽은 예부터 사용된 우리의 전통염료 식물이에요. 지금은 푸른색이 필요할 때 공장에서 만든 물감을 사용하지만 옛날에는 쪽이 있어야만 푸른색을 얻을 수 있었지요.

쪽은 봄에 씨를 뿌려 음력 8월 경 새벽이슬이 내리기 전에 베어서 사용했어요. 쪽빛 하늘, 쪽빛 바다라는 표현처럼 푸른색이어서 많은 사람에게 사랑을 받았지요. 쪽은 물들이는 횟수에 따라 그 색깔의 진하기가 달라져요. 보랏빛이 약간 섞인 남색을 가장 아름다운 쪽빛으로 여겼지요. 쪽을 이용해서 염색을 하는 것은 많은 경험과 숙련된 기술을 필요로 하는 어려운 작업이에요. 힘든 만큼 귀했기 때문에 옛날에는 처녀들이 시집갈 때 쪽빛으로 물들인 이불을 해가는 게 소원이었을 정도랍니다.

쪽을 이용해 염색한 머플러예요.

● 염색과 민간요법에 쓰였던 귀한 약재, 잇꽃

　옛날 어느 산골에 홀어머니를 모시고 사는 총각이 있었어요. 어느 날, 어머니가 밭에서 일을 하고 돌아오시다가 그만 다리가 부러지고 말았어요. 총각은 사방팔방으로 다리를 고칠 방법을 찾아보았지만 아무런 약도 듣지 않았지요. 총각은 자기의 정성이 부족해서라고 생각해서 자기의 엉덩이 살을 뚝 잘라 어머니께 끓여 드렸어요. 하지만 어머니는 여전히 낫지를 않았지요. 총각은 엉엉 소리 내어 울었어요.
　그때 무지개가 떠오르더니, 무지개를 타고 한 선녀가 내려와 그에게 씨앗을 한 줌 주었어요.
　"이 씨들을 빻아서 어머니께 드리면 뼈가 나을 것입니다."
　총각은 선녀의 말대로 씨를 빻아서 어머니에게 약으로 드렸어요. 그러자 어머니는 금세 다리가 나아 걸을 수 있게 되었답니다.

　이 이야기에 나오는 씨앗이 바로 잇꽃의 씨앗이에요.
　'홍화'라고도 불리는 잇꽃은 천연염료이기도 하지만 옛날부터 약용 식물로 더 큰 사랑을 받아왔어요. 칼슘 등의 영양소들이 많아서 뼈를 튼튼하게 해주는 효과가 있기 때문이랍니다.
　잇꽃은 잎에서 나는 노란색과 붉은색을 얻는 천연 염료예요. 홍화를 물에 넣어 황색소를 녹여낸 다음, 물에 잘 씻어서 잿물에 담그면 홍색소가 녹아 나오지요. 이 염색소를 이용하여 아름다운 색깔의 천이 만들어지는 것이랍니다.

잇꽃의 염료로 염색한 천이에요!

고향집에서 즐겨 보았던 자연의 색, 꼭두서니

　꼭두서니는 천초, 천염, 가산사리, 홍천, 지혈, 과산룡, 혈산수 등 여러 가지 이름을 가지고 있는 식물이에요. 우리나라 산과 마을 부근에서 흔히 자라 쉽게 볼 수 있는 식물이었는데, 안타깝게도 요즈음에는 환경이 오염되어 점점 찾아보기 힘들어져요.

　꼭두서니는 길이가 2m쯤 되요. 줄기는 네모지고, 잎은 심장의 모양으로 빙 돌아가며 돋아나 있어요. 뿌리는 옛날부터 잇꽃과 함께 빨간색 염료를 얻는 중요한 식물로 사용되어 왔고요.

　꼭두서니도 잇꽃처럼 약용으로도 널리 썼어요. 꼭두서니의 뿌리를 달인 물은 신장과 방광의 결석을 치료하는 데 효과가 크다고 해요. 결석은 몸 안에 돌이 생기는 병인데, 그 돌을 부풀려서 녹여버린다고 해요.

　꼭두서니는 여자들의 부인병과 만성 기관지염에도 좋다고 하지요. 또 요즈음에는 암 치료에도 효과가 있다고 밝혀지면서 이에 대한 연구가 보다 활발해지고 있답니다.

꼭두서니

꼭두서니로 염색한 치마예요~!

자줏빛 물감으로 썼던 들풀, 지치

지치

여러해살이풀인 지치는 '자초'라고도 부르는 식물로 보라색의 염료로 사용되었어요. 우리나라에서는 삼국 시대부터, 세계적으로는 기원전 1400년부터 사용된 식물이지요. 옛 책을 보면 기원전 600년에 이미 중국에서 자주색 옷을 입었다는 기록이 나와 있어요.

자주색은 귀한 색깔로 여겨졌기 때문에 왕족과 귀족의 옷으로 많이 사용되었어요. 우리나라도 고려 시대까지 많이 사용되었지요. 특히 고려 시대의 자초 염색 기술은 그 훌륭함이 세계적으로 유명했어요. 자초에서 나오는 보라색 색소를 천에 염색하는 기술은 많은 경험과 뛰어난 기술이 없으면 불가능할 정도로 어려웠거든요. 우리 고려의 자주색 옷감만큼 뛰어난 품질의 옷감을 구하기 어려웠기에 아라비아, 중국 등에서 온 상인에게 아주 인기가 높았다고 해요. 지치를 이용하면 보라색과 푸른 보라색, 검푸른 색까지 염색이 가능했기에 합성염료가 나오기 전까지 가장 많이 사용되던 염료 식물이었답니다.

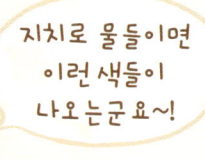
지치로 물들이면 이런 색들이 나오는군요~!

〈오십 빛깔 우리 것 우리 얘기〉 시리즈
권별 교과 연계표

국 국어 사 사회 과 과학 도 도덕 음 음악 미 미술
체 체육 실 실과 바 바른 생활 슬 슬기로운 생활 즐 즐거운 생활

- 신 나는 열두 달 명절 이야기　　사 3-2　사 5-1　사 5-2　슬 1-2
- 관혼상제, 재미있는 옛날 풍습　　국 1-2　국 4-1　사 3-2　사 5-2
- 조상들은 어떤 도구를 썼을까　　국 2-2　사 3-1　사 5-1　사 5-2
- 옛날엔 이런 직업이 있었대요　　국 5-1　국 6-2　사 3-1　사 4-2
- 꼭 가 보고 싶은 역사 유적지　　국 4-1　국 4-2　사 6-1　사 6-2
- 신토불이 우리 음식　　국 3-1　사 3-1　사 5-1　사 6-2
- 어깨동무 즐거운 우리 놀이　　국 4-1　사 5-2　체 4　즐 2-2
- 나라를 다스린 법, 백성을 위한 제도　　사 3-2　사 4-1　사 6-1　사 6-2
- 하늘을 감동시킨 효자 이야기　　도 3-1　도 5　바 1-1　바 2-2
- 오천 년 지혜 담긴 건물 이야기　　국 4-1　국 4-2　사 5-1　사 5-2
- 세계가 놀란 발명 이야기　　국 3-1　국 5-2　사 3-1　사 5-2
- 빛나는 보물 우리 사찰　　국 4-1　사 6-2　바 2-2
- 나라의 자랑 국보 이야기　　국 5-2　사 6-1　사 6-2　바 2-2
- 나라를 지킨 호랑이 장군들　　국 4-2　국 6-1　사 6-1　바 2-2
- 오천 년 우리 도읍지　　국 4-1　사 5-2　사 6-1
- 하늘이 내린 시조 임금님들　　국 6-2　사 5-2　사 6-1　바 2-2
- 옛날 관청과 공공시설　　사 3-1　사 3-2　사 6-1　사 6-2
- 옛사람들의 우정 이야기　　국 4-1　국 6-2　도 3-1　바 1-1
- 얼쑤, 흥겨운 가락 신 나는 춤　　국 6-1　국 6-2　사 3-1　음 3
- 아름다운 독도와 우리 섬　　국 2-1　국 4-1　국 5-2　사 4-1
- 본받아야 할 우리 예절　　국 3-2　도 4-1　바 2-1　바 2-2

- 놀라운 발견, 생활의 지혜   국 2-1 국 2-2 사 3-1 사 5-1
- 옛사람들의 교통과 통신   사 3-2 사 4-1 사 5-2
- 머리에 쏙쏙 선조들의 공부법 국 4-1 국 4-2 국 6-2 도 3-1
- 우리 국토 수놓은 식물 이야기 국 1-1 국 5-1 과 4-2 바 1-2
- 큰 부자들의 경제 이야기   사 3-2 사 4-2 사 5-2 슬 2-2
- 생명의 보물 창고 우리 생태지 국 2-1 국 4-2 사 6-1 과 5-2
- 우리가 지켜야 할 천연기념물 국 2-1 과 3-2 과 4-1 과 5-2
- 안녕, 꾸러기 친구 도깨비 야 국 2-2 국 3-1 국 4-1 사 5-2
- 오천 년 우리 강 이야기   사 3-2 사 5-1
- 교과서 속 우리 고전   국 3-1 국 4-2 국 5-1 국 6-2
- 알쏭달쏭, 열두 가지 띠 이야기 국 3-1 사 3-2 사 5-2 사 6-1
- 빛나는 솜씨, 뛰어난 재주꾼들 국 4-2 사 6-1 음 4 미 3, 4
- 수수께끼를 간직한 자연과 문화 국 4-1 사 5-2 바 2-2
- 천하제일 자린고비 이야기   국 6-2 사 4-2 도 5 실 5
- 민족의 영웅 독립운동가   국 6-2 사 6-1 바 2-2
- 우리 조상들의 신앙생활   국 5-2 사 3-2 사 5-2 사 6-1
- 정다운 우리나라 동물 이야기 국 2-1 국 2-2 국 6-1 과 3-2
- 멋스러운 우리 옛 그림   국 4-2 사 6-1 미 3, 4 미 5
- 전설따라 팔도 명산   국 2-1 국 2-2
- 방방곡곡 우리 특산물   사 3-1 사 4-1 사 5-2
- 아름다운 궁궐 이야기   국 4-1 사 6-1 미 5 바 2-2
- 역사를 빛낸 여자의 힘   사 6-1 바 2-2
- 신명 나는 우리 축제   사 3-1 사 4-1
- 우리가 알아야 할 북한 문화재 사 5-2 사 6-1 바 2-2
- 봄, 여름, 가을, 겨울 24절기 사 5-1 사 6-1 과 6-2 슬 6-2
- 나누는 즐거움 우리 공동체 도 4-1 바 2-2
- 이야기가 술술 우리 신화   국 1-2 국 6-2 사 3-2 사 5-2
- 흥겨운 옛시조 우리 노래   국 6-2 사 5-2 음 3 음 6
- 조상들의 지혜, 전통 의학   국 5-1 국 6-2

오십 빛깔 우리 것 우리 얘기 28
우리 국토 수놓은 식물 이야기

초판 1쇄 인쇄 | 2011년 6월 17일
초판 1쇄 발행 | 2011년 6월 22일

글쓴이 | 우리누리
그린이 | 최희옥

발행인 | 김우석
편집장 | 신수진
책임 편집 | 박경화
편집 | 최은정, 이정은
마케팅 | 공태훈, 김동현, 이진규

디자인 | SU
인쇄 | 영신사

발행처 | 중앙북스
등록 | 2007년 2월 13일 제 2-4561호
주소 | (100-732) 서울시 중구 순화동 2-6번지
편집문의 | (02)2000-6076
구입문의 | 1588-0950
팩스 | (02)2000-6174
홈페이지 | www.joongangbooks.co.kr

ⓒ 우리누리 2011

ISBN 978-89-278-0117-7 14800
      978-89-278-0092-7 14800(세트)

이 책은 중앙북스(주)가 저작권자와의 계약에 따라 발행한 것이므로
이 책 내용의 일부 또는 전부를 이용하려면 반드시 중앙북스(주)의 서면 동의를 받아야 합니다.

• 많은 사람이 최선을 다해 만든 책입니다.
  그러나 혹시라도 잘못된 내용이 있으면 편집부로 연락바랍니다.
• 잘못 만들어진 책은 구입하신 서점에서 교환해 드립니다.
• 주니어중앙은 중앙북스의 어린이 책 브랜드입니다.

*주니어중앙 카페에서 이 책과 관련된 독후활동 자료를 무료로 다운 받으실 수 있습니다.
 http://cafe.naver.com/jbookskid